U0015195

賞味新疆

●品味新疆篇

「天蒼蒼，野茫茫，風吹草低見牛羊」這句話用來形容新疆是再適合不過了。新疆以東西向橫貫的天山山脈為中心，地理上被分為南疆和北疆。北疆的重鎮是省會烏魯木齊，南疆則為喀什。這兩地正是此趟玩味新疆之旅的主要背景。

●食味新疆篇

在新疆的平民美食中，有所謂的「四大天王」：拌麵、抓飯、羊肉串，以及還有烤包子。樣樣美味可口，令人食指大動。這些維族美食，因為特殊的異國風情，而教人口水直流，無法抗拒，亟欲大快朵頤一番。

◇絕讚主食

◇香味燒烤

●賞味新疆篇

塵土飛揚的露天市集，正進行著古老的牲畜交易。矮房土樓兩旁蜿蜒的老城巷弄，完整地保存了千年前的面貌。古來英雄難過美人關，就連皇帝也不例外，看傳說中的新疆第一美人香妃，是如何迷倒乾隆，深受寵幸。

帶這本書上路，
新疆行不再遺憾！

　　當我看到海茵新書內容寫的是有關新疆美食之際，可真是跌破眼鏡，一時之間不知如何動筆來推薦；對於新疆雖不算陌生，遺憾的是，在新疆停留期間總因時間或資訊不足而錯過了品嚐美食的機會，還有，這本書的製作過程，海茵邀了新疆專家趙立中前往帶路，因此，我也不免擔心自己是在關公面前耍大刀了。

　　但，我鐵定是要為海茵能出書而拍手叫好的。實在說，我們同屬一個集團內工作，我特別欣賞海茵平易近人的個性與慈悲單純的內在氣質。她喜歡旅行，記得幾年前我們一起去峇里島做拍攝工作，當時就有出版社找她寫書，四年後，海茵終於在新聞主播忙碌的工作中，完成這本書。

　　去年，我到新疆二次。第一次是初夏，我行經北疆與西疆，六、七月正是花季，沿途有天山山脈、有高原、草原、湖泊、人文風光，新疆美得令我迷惘，開著滿山遍野的各種野花、昭蘇地區的80萬畝油菜花田、清水河地區的薰衣草，以及賽里木湖畔的野花地毯，處處散發出誘人的清香。

　　第二次是深秋，我追隨玄奘的腳步，從長安旅行到烏魯木齊，拜訪一個夢想中的國度—大絲路，

體驗從高原行走到沙漠，駐足在歷史與文人曾經停駐的同一地點，我雖累得死去活來，然而，新疆的壯美令我無以言表，那景象，那情懷，只有親自深入才能理解。

令我最驚訝的是，當我風塵僕僕地進入首府，面對十年前我印象中的烏魯木齊，都會形態的面貌顛覆了我十年前對它的認知。這個城市，曾經，它在我心裡有如樓蘭國一般古老與神秘，而眼前，竟是如此現代與鮮活。

有天夜晚，當夜幕把現代浮華遮蓋之後，我來到五一路的夜市，這是聚居在此地的維吾爾、漢、回、哈薩克等十多個少數民族為主的攤子，這裡匯集了新疆和外地的各種小吃，招牌上寫有胡辣羊蹄、麵肺子、拉條子、湯飯、大盤雞、手抓飯、烤肉、烤全羊，瓜果等等，我擠坐在攤子上點了烤肉與羊雜湯，一個人在煙霧瀰漫中享用，坐在同一條長凳上的幾個客人（不知道是哪一族），看得出我是外地人，好奇地與我交談，告訴我：「您吃這東西，可以再點杯酸奶試試喔！」，他們盡地主之誼，友善地給我推薦一個道地的回民風味小品。

十年前，我去過新疆，去年，我到新疆二次；今年，我還會再去，我熱愛的新疆，總括一句真是：「山川壯麗物產豐隆」，我的一些夢想，從東疆到西疆，穿越在迷幻與蒼茫的大漠時實現了，還有，吐魯番葡萄那油畫般的背景，也已經開始等待我下次的拜訪，然而，我似乎錯失太多珍貴的美食和友誼，就如同眼前這杯差點錯過的酸奶，與同一條長凳上的熱情的朋友。於是，我將會記得，今年我再出發時，如果不去品嘗新疆美食，這旅行是不完整的。

感謝海茵，路上匆忙而經常錯過美食的我，如今，有了這本「賞味新疆」帶著一起上路，下一趟的新疆之旅，不再遺憾。

海茵，謝謝妳，我愛妳。

林婉美／中國時報旅行社常務董事、專業旅遊達人

我推薦的新疆私房菜

2000年到2007，從台北錢櫃KTV到烏魯木齊五月花拌麵店，從冰冷絢爛的都市叢林，來到了熱情豪邁的民族熔爐，我和海茵的新疆之約，總算是有了一處交會點！在這段期間，海茵在其專業領域中，思緒的成熟、內涵的深度、對事物的觀察力等等，都有了令人驚豔的發展，2千多個日子的等待，等到的果實卻異常完美！

吃遍大疆南北

海茵這本《賞味新疆》，談的是新疆的美食，在眾多旅遊書中，可謂獨樹一幟，其中介紹的許多食材，更是和一般旅遊團、旅遊書所號稱的「制式風味菜」，有著非非常常大的不同，各位可以玩味其中細細品嚐。在這次吃遍大疆南北的採訪中，我非常高興能有機會，可以貢獻一些自家珍藏的美食美饌，喀什的紡織廠拌麵、羊腿小烤肉、鴿子湯、馬森燒烤均是我極力推薦的，在我與媒體多次的合作中，這些都還是首度曝光，希望這次透過海茵的味蕾、體驗、筆端，讓這些我的最愛，能得到更多人們關愛的眼神。

　　新疆菜系的形成，主要來自於兩個多元化，一個是多達12個不同的少數民族，讓濃郁邊疆塞外風，存在於每一道食物中，另一樣是來自全中國各地的飲食文化，50年代大量支援邊疆的各省人民，把傳統中原料理的煎炒煮炸煨燉、酸甜苦辣麻鹹，一股腦兒帶進了新疆，這兩個多元，不斷碰撞、各取所需、最後互相融合卻又涇渭分明！

　　在這趟新疆之旅中，海茵的敬業精神，讓我讚佩不已，新疆的食物並非都是「美食」，有些既獨特、也可謂不是很正常之食物，連進出新疆近百次的我，也都敬謝不敏，她卻坦然接受，且幾乎來者不拒，膽量不可謂不大！

　　初冬的新疆氣溫其實變化很大，單程七千公里的飛行，三次轉機外加一次的轉船，製作單位求好心切，不斷修正、不斷重錄，超長的工作時間、海茵更拖著不是很舒服的身子……，這些種種都沒有打倒她，回來後所製播的單元，更是屢創收視高峰，在這些不為人知的因素下，海茵的這本《賞味新疆》，所呈現的不是只有表象的歡樂和光鮮，背後的甘苦、不斷地成熟與成長、更好的專業及用心，這些就是打動我的心！海茵加油！

趙立中／大疆南北負責人

人生中不能錯過的絲路饗宴

我與海茵相識六、七年了，她時常遊歷大陸各地與世界多國，我跟她都熱愛旅行與美食，也經常相約一同分享。然而前一陣子舉辦聚會，海茵卻總稱沒空參加，原來是在家中努力寫稿，如今新書終於完成，我很榮幸被邀請寫序，聊聊我那念念不忘的美食＋美景＋美女的新疆之旅！

17年前我頭一次造訪新疆，當時那兒宛如未被開發的處女地，一切是那樣的與世隔絕、純淨自然，有如世外桃源。我印象最深刻的是在天池邊，大啖水煮羊肉，在那傳說中西王母娘娘浴池的美麗湖畔，大口撕咬完全沒有腥羶味的羊肉，彷彿置身人間仙境！天池之水源自於天山山脈中段的博格達峰，我不僅驚異於眼前豐富的動植物資源，同時更震撼於博格達峰奇特的自然景觀，回國之後有感而發，便成立了博格達廣告公司，也就是現今五十甲廣告公司的前身。

　　但多年來最令我回味不已的，除了新疆的美食與美景外，還有一位美若天仙的維吾爾族姑娘。她的名字叫做「巴哈古麗」，漢語之意是春天含苞待放的美麗花朵，人如其名，使我們一行人對她直呼驚艷。好客的維族人準備了豐盛的美酒佳餚熱情款待，使我們賓至如歸，讓我決定再度接受她的邀約，隔年為了「巴哈古麗」，我又再度買了機票，飛越大半個中國大陸，只為履行回去看她的承諾。「巴哈古麗」喜出望外，我們一起在美麗的葡萄溝下，品嚐晶瑩剔透的葡萄，欣賞她婀娜多姿的舞蹈身段，即使16年過去了，在我的記憶中還是如此的鮮明美好！

　　讀了海茵妙筆生花下的新疆，又勾起了我當年的悸動，我想有生之年一定要與海茵組個團再前去一次新疆。這回除了要吃遍大疆南北，還有一個超級任務，就是要尋找我的「巴哈古麗」！也希望讀者千萬不要錯過這一趟絲綢之路的新疆饗宴！

張承志／五十甲廣告股份有限公司董事長

走！到新疆作客！

　　認識海茵已經好幾年了。在螢光幕上她是專業的新聞工作者，而私底下卻是掩不住的率性與純真。海茵喜歡旅遊，喜歡美食。只是因為工作的緣故讓她很難請長假去玩耍。我則恰恰相反，明明有假可請，卻常因顧慮太多而很少出遊。

　　當我2007請了長假與家人同遊新疆，便深深被這個奇妙的地區所吸引：北疆有各種特殊的地貌、美麗的自然風光；南疆則是各種民族的大熔爐，沿著古代絲路可以看到不同的文化。而新疆位處中國邊境，在服裝、食物、飾品等方面深受週邊各國所影響。儘管十七天旅遊已經是我最長的紀錄，卻仍然難以一窺新疆全貌。

　　新疆的風情是多樣的，讓人回味再三。我建議海茵有機會應該也去走一遭。說也真巧，沒多久就聽說海茵要去新疆製作美食專題。那陣子我們的對話多圍繞在行前的準備細節、以及哪些食物非嚐不可。儘管我才剛回來，心情卻如同海茵一般的雀躍。

　　海茵此行主要是到北疆的烏魯木齊與南疆的喀什。這兩地是新疆最繁華的都市，也是人文薈萃的代表。無論是餐館、巴札、或是路邊的攤販，漫步在街頭，你幾乎可以找到所有足以代表新疆的食物。雖然路途遙遠，但是可以品嘗諸多美食，相信足以讓海茵樂在其中。

　　談到美食，海茵總是笑得開懷。她的膽子一向比我大得多，記得她多年前去雲南，就嚐了當地昆蟲作的菜『三隻蚊子一盤菜』，內容是

蜻蜓、竹蟲等。她樣樣嘗試的態度就讓我佩服不已，這種個性的人比較可以大飽口福。

　　要我概述新疆食物的整體印象，比起台灣的精緻度是不如的；你終究很難能在外地吃到像台灣一樣合自身口感的料理。不過像大盤雞、抓飯、拌麵等等，搭配上新疆當地的蔬果或香料，每道料理都融合了不同文化的背景，這種體驗是前所未有的。比方說羊肉，在這裡你居然不會吃到像台灣羊讓人卻步的羶味，有的只是美味；因此幾位不敢吃羊肉的團員到新疆都紛紛「破戒」了。我想這得歸功於新疆渾然天成的放牧環境，讓各種肉質別有口感。而學著司機導遊坐在路邊攤大口吃麵談笑風生，抑或在莊園裡跟著好客的維族民眾跳舞飲葡萄酒吃烤全羊，似乎也融入了當地民族的悠閒與愉悅。

　　另一個非提不可的是瓜果類。我偏愛水分多的水果，在新疆以哈密瓜和西瓜為最。除了價格便宜，甜度與水分更屬上乘。台灣瓜果雖然好吃，但這兩類我還是最眷戀新疆產的。

　　新疆食物就是有她的魅力。所以當海茵拿著整理好的稿子，希望我幫她的新書寫序時，我笑著說：「那有什麼困難呢？」

　　在這本書裡，處處可見海茵的用心。圖文並茂的詳述各種新疆美食作法與風味，讓人食指大動。我也希望讀者，這輩子應當去一趟新疆，無論你的重點是欣賞風景或體驗美食文化都好。相信我，那一定值得！

謝向堯／林口長庚醫院神經內科系主治醫師

念念不忘
新疆塞外好風光　維族姑娘水噹噹
絲綢之路遊古城　西域美食孜然香

　　新疆這個在歷史上被稱為西域的地方，除了是我此生一定要去一次的夢想之外，也是一個「超級遠」的代名詞。有多遠呢？遠到幾乎要了我的命！

我永遠記得出發前，不知道是晚餐吃壞了肚子還是染上急性腸胃炎，讓我在打包行李時，平均一小時吐一次。是連喝水都吐的狀態。那時距離一早班機起飛時間只剩下五、六個鐘頭，大半夜的，再加上還要趕到機場，根本沒辦法抽空到醫院掛急診。我心想大概去不成新疆了。但，若身為主持人的我，在這時候才說不能去，所有的工作人員都會被我連累，節目也會開天窗的。心裡一邊想著可怕的後果一邊收拾行李，最後還是拖著虛脫的身體，一手拉著龐大的行囊一手拎著嘔吐袋，爬上計程車前往公司。

出發的那天，從凌晨五點集合起，就展開了漫長的接力賽。六點到機場，八點飛往香港，從香港搭接駁船晃到深圳，又從深圳到長沙轉機（因為是小飛機，中途必須停在湖南長沙加油半小時），再從長沙飛往烏魯木齊，抵達時都已經是晚上十一點鐘啦！因為整晚沒睡又吐到腸胃絞痛，一整天舟車勞頓下來，我整個人已經累癱。

就在我精神恍惚之際，一出烏魯木齊機場卻立刻被冷冽的寒風吹醒。

我發現，空氣中的味道不一樣了。頓時，我體悟到我的確已經踏在西域的土地上。此時我的ipod nano從耳機裡傳來的是飛兒樂團的「月牙灣」。

夢想穿過了西域　包含了多少的彩衣
我從半路看回去　這秦關漫漫好蜿蜒
看　月牙灣下的淚光　在絲路之上被遺忘

這首歌不論是旋律或心情，都相當適合在新疆欣賞聆聽。

我想，絲綢之路是不可能被世人遺忘的。絲路不僅是一條商業貿易通道而已，還是一條東西方的對話之路。更是文化、思想和宗教的傳播之路。世界三大宗教的佛教、伊斯蘭教和基督教就是沿絲綢之路傳入新疆和中國內地的。新疆也有許多之最，像是中國面積最大的與邊境線最長的省區，還有歌舞之鄉與瓜果之鄉的美稱。拜訪新疆若是能夠多了解當地的地理歷史背景和風俗文化，便更能樂在其中了。

回台之後，我對新疆念念不忘。瘋狂的熬夜剪接與寫稿，只為了期望能做出豐富精采的新疆旅遊節目，寫出細緻多元的新疆書籍，藉由口語傳播的力量，展現新疆的風情與魅力。

就是這樣的想法，這本書誕生了。

深信很多人比我對新疆更加了解，小女子斗膽出書只是單純想跟大家分享我的所見所聞。這本書不從大山大水的角度切入，而是希望能藉由身為記者的觀察力，輕鬆而深入地展現出有趣的面向，以人文、歷史和飲食文化層面，帶領讀者細細品味新疆、食味新疆與賞味新疆。

新疆維吾爾自治區

★巴音布魯克
天鵝保護區

★克孜爾
千佛洞

◎喀什

▲公格爾山　　　▲拖合他喀孜山

▲慕士塔格山　　　　　　　　　　　　　　★且末古坊

★精絕國故址

▲喬戈里峰

▲慕士山

新疆18趣

古絲道上地名怪
出口不要說豬字
風吹石頭砸腦袋
汽車要比火車快
吃的饢餅像鍋蓋
大盤雞裡拌皮帶
兵團姑娘不對外
夏天出門皮衣帶
鞭子底下談戀愛
美玉泡酒味道怪
男人愛把綠帽戴
膠鞋套在皮靴外
裙子穿在褲子外
結婚宴席無酒菜
請客吃飯不用筷
新娘下干娶回來
鐵床擺在大門外
井底全部連起來

客納斯
自然保護區

★布爾根河

◎烏魯木齊

★樓當古城

★米當古城

▲木孜塔格峰

現代新疆概況

「天蒼蒼，野茫茫，風吹草低見牛羊」這句話用來形容新疆是再適合不過了。新疆以東西向橫貫的天山山脈為中心，地理上被分為南疆和北疆。北疆的重鎮是省會烏魯木齊，南疆則為喀什。這兩地正是此趟玩味新疆之旅的主要背景。

新疆有45個台灣大，更有許多之最，包括：

中國面積最大的省區

　　新疆維吾爾自治區面積166萬多平方公裡，約占全國土地面積的六分之一。

邊境線最長的省區

　　新疆與蒙古、哈薩克斯坦、吉爾吉斯、塔吉克斯坦、俄羅斯、阿富汗、巴基斯坦、印度等8個國家接壤，邊界線長達5600公里，是中國陸地邊界線最長的省區。

面積最大的縣

　　中國土地面積最大的縣是新疆若羌縣，面積20多萬平方公里。

陸地最低處

　　吐魯番盆地的艾丁湖低於海平面154米，是中國陸地的最低處，也是世界第二低窪處。

最長的內陸河

　　新疆的塔里木河全長2179公里，是中國最長的內陸河。

最大的內陸淡水湖

　　新疆的博斯騰湖是中國最大的內陸淡水湖，面積為980平方公里，其中的蘆葦纖維長，是造紙的優質原料。

中國唯一流入北冰洋的河流

　　中國向北流得最遠的河流是新疆境內的額爾齊斯河，是中國唯一流入北冰洋的河。

對外開放山峰最多的省區

中國對外開放山峰最多的省區是新疆，對外開放了11座山峰。

最大的冰川

中國最大的冰川是新疆帕米爾高原喬戈里峰北坡的音蘇蓋提冰川，長約40公里。

最大的內陸盆地

中國最大的內陸盆地是新疆境內的塔里木盆地，面積為56萬平方公里。

面積最大的天然胡楊林

中國面積最大、分布最廣的天然胡楊林是新疆塔里木盆地中的胡楊林，面積達3800平方公里。

最長的地下灌溉系統

中國最長的地下灌溉系統是新疆的"坎兒井"，累積長約5000多公里。

最長的礦山索道

中國目前最長的礦山索道是新疆天山深處和靜鋼鐵廠到莫托沙拉鐵礦之間的索道，長20.6公里。

最早的石窟寺

新疆拜城縣克孜爾千佛洞，是中國開鑿最早的石窟寺。

凍土層最深的地方

中國凍土（溫度在攝氏零度以下，水分凍結的土壤或疏松岩石稱為凍土）最深的地方，在新疆的和靜縣巴音布魯克，68年凍土深達439釐米。

北疆與南疆

在烏魯木齊附近有個古城叫做達坂城。聽到這個古城的名字你是否很熟悉呢？原來，王洛賓的「達坂城的姑娘」就是源自於此。

達坂城的石路硬又平呀　西瓜大又甜

那裡住的姑娘辮子長呀　兩個眼睛真漂亮

你要是嫁人不要嫁給別人　一定要嫁給我

帶著你的妹妹　帶著你的嫁妝　帶著那馬車來

烏魯木齊「國際大巴札」裡的肯德基速食店

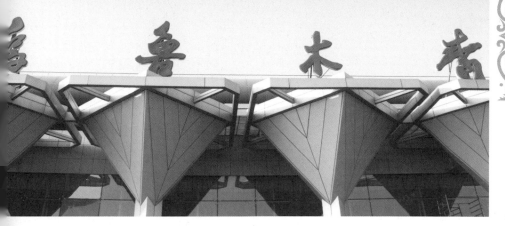

❧⟡❧ 烏魯木齊─亞洲的中心 ❧⟡❧

　　烏魯木齊，這是一座你到新疆必經的城市。它可不是我們所謂亂七八糟的意思。出發的第一天，我因為感冒而上吐下瀉，工作人員開玩笑說，要帶我去烏魯木齊看蒙古大夫。大夥兒聽了笑成一團。新疆人得知台灣的烏魯木齊居然被這麼解釋，都感到不可思議。

　　在維吾爾語和蒙古語中，烏魯木齊代表的是「美麗的牧場」。沒錯，這裡的遊牧民族的確很需要一大片美麗遼闊的草原。但，隨著漢朝移民屯墾，中原文化進入西域，農耕文明也在這裡奠下根基。到了唐代在此設「北庭都護府」，並於烏魯木齊設輪台縣。唐輪台的遺址就是現在烏魯木齊南郊的烏拉泊古城。這是一個扼絲路北道和中道的軍事重鎮。

　　歷史上的輪台城具有屯田、收稅的功能，不過現今的烏拉泊對我而言，則是大飽口福之地。因為那兒有全烏魯木齊最好吃的大盤雞。

唐代詩人曾在詩中多次提到輪台：

輪台風物異　地是古單于
三月無青草　千家盡百榆
蕃書文字別　胡俗語音殊
愁見流沙北　天西海一隅

──〈輪台即事〉　唐‧岑參

　　從唐代設都護府到清朝的乾隆皇帝「賜以嘉名曰迪化」，從此烏魯木齊有了「迪化」這一別稱。迪化之名沿用了將近兩百年之久，直到1954年才恢復原名烏魯木齊。

　　今日的烏魯木齊，十分新穎，完全顛覆了我對新疆是一片沙漠的刻板印象。這裡是新疆重要的對外交通樞紐，鑲嵌在中亞腹地，由於四面距離海洋都在2300公里以上，被稱為世界上離海洋最遠的城市，而且是整個亞洲大陸的地理中心點。

　　儘管如此，雞鴨魚牛想吃什麼美食都有，而且魚肉雖不是海魚也完全沒有土腥味。只有豬肉比較難尋，因為新疆大部分信奉伊斯蘭教，穆斯林是不吃豬肉的，在這裡只有漢人開的餐廳才販售豬肉。穆斯林的餐廳叫做清真飯館，用餐時最好不要談到豬肉的字眼，請改以「大肉」來稱呼。畢竟入境隨俗，才不會犯了極大的忌諱。

有些城市是透過亮麗的風景留住遊客的心，有些城市則以獨特的人文景觀吸引眾人的目光。對於號稱「中亞美食博覽中心」的烏魯木齊來說，不少人是通過氣味來發現並愛上烏魯木齊的。這座城市和中國大部份地區的城市有著截然不同的「味道」。小巷弄的空氣裡烤羊肉串、剛出爐的饢餅和熱騰騰抓飯的香味，先是用味道抓住你的嗅覺，讓你忍不住大解嘴饞後，進而征服你的胃。不過，我也發現近幾年新疆人也被外來的速食給征服啦！

在烏魯木齊必遊的景點是國際大巴札。建築充滿了濃郁伊斯蘭民族的風格和色彩，旁邊就開設了家樂福跟肯德基，而且肯德基的生意還非常的好。當地人告訴我，肯德基剛剛開幕時，要整整排隊兩個小時才能買到一塊炸雞。現在的生意還是相當火紅，但因為穆斯林不吃豬肉，所以絕對買不到豬排堡。新疆的人民所得比不上沿海城市，但飲食消費水準卻奇怪的進入各大城市的排行榜前幾名。

烏魯木齊的肯德基業績就遙遙領先了各大城市，可見新疆人很重吃也很捨得吃。只要在新疆東西夠美味，就算價位貴一點還是有人甘願大排長龍。

在國際大巴札裡你可以選購充滿維吾爾族特色的各種手工藝品。比如英吉沙小刀，維族姑娘的傳統服飾，以及堆積如小山像是葡萄乾、核桃、沙棗、巴旦杏等最佳的拌手特產。另外，維吾爾族聚居的二道橋一帶也有許多商品雜貨可購買，更是遊客必去的好地方。整體來說，烏魯木齊已經踏入先進城市的行列，在整個大西北，地位僅次於西安市。

南疆異域

中國最西邊城市—喀什市中心

喀什—絲路的明珠

　　從北疆的烏魯木齊到南疆的喀什，這段距離足足有三個台灣遠，而且要飛越橫亙其中的天山山脈。從飛機上俯瞰天山，山頂上覆蓋皚皚白雪，崇山峻嶺，層巒疊嶂。我在飛機上驚呼聲連連。這樣的絕世美景，讓我捨不得閉目養神，更期待即將抵達的這個在中國版圖上最西邊的城市，究竟有怎樣的面貌？

　　歷史上的喀什，曾有過輝煌的文化，在西漢它被稱作「疏勒國」，是西域三十六國中的大國之一。後來疏勒的稱呼卻慢慢被突厥語的「喀什噶爾」給取代。到了唐宋，喀什噶爾更崛起成了壯大「喀喇汗王朝」的政治中心。雖然在中亞人的眼裡，喀喇汗王朝根本就是個強盛帝國，可與宋王朝一較上下，但她卻選擇了與宋朝保持友好關係，往來不絕。

　　喀喇汗時期，大批的突厥游牧民族轉入定居，加快了中亞少數民族突厥化和廣大游牧民族伊斯蘭化的過程，也讓今日的新疆呈現出一種不同於中原的嶄新樣貌與特殊文化。

☙ 突厥簡介 ❧

　　突厥是中亞民族之一。全球約有1.3億人操突厥語言，這些人分布在土耳其、塞浦路斯、哈薩克、烏茲別克、土庫曼、吉爾吉斯以及中國的新疆。

　　喀什歷史悠久，有文字記載的歷史就有2100多年，堪稱新疆歷史的「活化石」，也為東西方文明的交流做出重大的貢獻。

　　數千年來，喀什一直保持著東西方貿易交匯點的地位，東方出口的物資要在此地「驗關過境」，西方進口的物資要在這兒「簽證集散」，因此稱喀什為絲路上一顆閃亮的明珠，實至名歸。

　　當地人也異口同聲：不到喀什，就不算到過新疆。有人形容喀什是華麗而豐盛的城市。它華麗在保留了維吾爾族人瑰麗的傳統；它豐盛在二千年歷史深厚的文化底蘊。走在這座中亞古城，就好像走在《一千零一夜》的故事中。

　　我甚至覺得在喀什根本就像置身於歐洲。尤其踏入了喀什的「老城區」，彷彿就像是來到義大利的山城，同時還帶了點地中海風情。

　　這裡的人種不同，語言也不通。在喀什，維吾爾族佔90%以上，漢族反而變成弱勢族群。因為簡體字的「漢」寫成「汉」（左邊三點水，右邊一個又），所以在喀什漢族被戲稱為「水又族」。部份漢族也學會說一些維族語，甚至也有通婚的。其實，維吾爾族人的熱情與善良是跨越語言隔閡的。純樸的維族人永遠是笑臉迎人的。

喀什既然被譽為中國最具「異域風情」的城市，想當然爾，這裡飲食文化便是保留了濃厚的西域風情。到新疆不來這兒嚐嚐道地新疆美食，就等於沒吃過正宗的新疆味了。維吾爾族人的佳餚迄今仍令我回味無窮。現在就請跟著秉持著「我吃故我在」的海茵一起推開新疆美食大門吧！

古西域36國VS.現今城市對照表

龜茲國：庫車

疏勒國：喀什

于闐國：和田

樓蘭國：樓蘭

莎車國：莎車

若羌國：若羌

焉耆國：焉耆

尉犁國：庫爾勒

精絕國：尼雅遺址

車師前國：吐魯番交河城

唐宋時期西域三大強國

大寶于闐國

高昌回鶻汗國

喀喇汗王朝

清真佳餚

壹・納仁麵

貳・牛排麵

參・虎皮辣子燒茄子

肆・乾鍋魚

豐盛宵夜

壹・吸管吸羊骨髓

貳・羊骨丸子湯麵

風味茶飲

壹・駱駝奶、馬奶

貳・酥油奶茶

幸福水果

壹・葡萄

貳・石榴

參・哈密瓜

絕讚主食

壹‧大盤雞

貳‧拌麵

參‧抓飯

肆‧烤包子

伍‧饢

陸‧牛肉拌麵

大膽飲食

壹‧羊麵肺子

貳‧塞脾

參‧鴿子湯

肆‧煙薰馬腸馬肚

香味燒烤

壹‧新疆烤羊肉

左上角為「牛排麵」，正中央為「虎皮辣子燒茄子」，右上角為「乾鍋魚」，左下角為「椒麻雞」，正下方為「哨子麵」，右下角為「涼皮子」。

「食味」新疆

黯然消魂大盤雞

大盤雞的由來

　　這名字聽起來就不像是新疆菜，不過大盤雞確確實實是起源於新疆，原本是過往司機隨意填飽肚子的一道佳餚，而且盛裝在一個超大的盤子裡，隨後發展成風靡全新疆最平民化的美食。然而，大盤雞口味的作法究竟從何而來，至今仍說法不一。比較可靠的說法是，大盤雞由四川人來到新疆工作後，由於四川人無辣不成菜，總覺得新疆菜沒啥味道，所以他們便和當地人一起嘗試各種加入辣椒的料理。終於，大盤雞這道麻辣級的美味就此誕生。

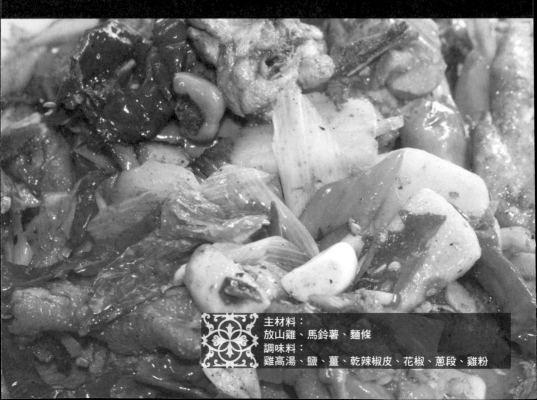

主材料：
放山雞、馬鈴薯、麵條
調味料：
雞高湯、鹽、薑、乾辣椒皮、花椒、蔥段、雞粉

舟車勞頓只為大盤雞

還沒到新疆之前，就聽說過大盤雞這道美食了。只是，傳說中的大盤雞到底味道嚐起來如何？讓我一路從台北興奮期待到烏魯木齊。

沒想到，帶領我們嚐鮮的新疆達人趙立中卻說：「想吃！還早咧！最起碼還得坐車將近一個鐘頭。」

為了大盤雞這道美食，我們可真是拚了。既然趙立中都說他吃過全烏魯木齊最好吃的大盤雞在偏遠的烏拉泊，那路途再遠都得殺過去才行。一路上經過的大漠美景，有沙漠有湖泊，令人心曠神怡。

雖然我已經被巔到七葷八素，但一下車，精神卻來了。不會吧？眼前這一家位於沙漠裡，有點像是「龍門客棧」的農家小院，真的會有好吃的美味嗎？尤其看到招牌兩側的標語上頭寫著：「自己做太累，到酒店太貴。」更是讓大夥兒快笑翻囉！

我們來的正是時候。廚房內，老闆娘已經開始在料理大盤雞了。

大盤雞製作過程

大盤雞的做法真的很簡單，不過，也正因為太簡單了，所以每一戶店家都有自己的獨門秘方，口味上也就有些許的不同。

基本上都是先把整隻雞剁成小塊備用，再放入些許薑，進入油鍋內爆香。此時不斷地翻炒，等到水快要收乾，而雞肉表面也呈現焦黑之際，這時便可放入整根連皮的紅辣椒再大火快炒。記得，鏟子得不斷翻動才行。接著，放入土豆（也就是馬鈴薯），一樣不停地用鏟子翻炒，最後再放入蔥段、花椒之後，就可以起鍋裝盤。見到師傅把盤子拿出來，頓時一驚。

哇咧！這盤子還真大啊！怪不得顧名思義叫做大盤雞。聽說烏魯木齊還有些餐廳使用更大的盤子咧。

大盤雞這名字聽起來就不像是新疆菜，不過大盤雞確確實實是起源於新疆，原本是過往司機隨意填飽肚子的一道佳餚，而且盛裝在一個超大的盤子裡，隨後發展成風靡全新疆最平民化的美食。然而，大盤雞口味的作法究竟從何而來，至今仍說法不一。比較可靠的說法是，大盤雞由四川人來到新疆工作後，由於四川人無辣不成菜，總覺得新疆菜沒啥味道，所以他們便和當地人一起嘗試各種加入辣椒的料理。終於，大盤雞這道麻辣級的美味就此誕生。

值得等待的美味大盤雞

好了，廢話不多說，
現在我要趕快來吃吃看傳說中的大盤雞啦！

　　唉呦，我太心急了，才咬第一口就被油噴到臉。不過，隨後我就發現一切等待都是值得的。

　　整個從雞肉表皮的油焦香味，到辣椒刺激味蕾的辛辣感，緊跟隨而來的是花椒的酥麻……麻到嘴唇都快沒知覺了，但是，卻越吃越讓人上癮。怪不得成為全新疆最平民化的美食。為了大盤雞而破戒，而且還一口接一口，吃到完全不想說話主持節目了。除了大盤雞以外，還有一樣東西讓我瘋狂愛上，那就是土豆。所謂的土豆，雖然說就是我們所認識的馬鈴薯，但口感上卻又不像台灣的馬鈴薯那樣過於鬆軟並且難以下嚥。摻入大盤雞裡的土豆，因為本身就已經香Q有嚼勁了，再加上已經融合了大盤雞的麻辣滋味，反而變成搭配雞肉的最佳拍檔，讓我整個人沉醉在美食的饗宴裡。

自製大盤雞的要訣

　　沒錯，我回來台灣以後，因為忘不了大盤雞的絕妙好滋味，想要自己下廚做，卻完全複製不來。如果你也想自己在家試試看的話，選料是重要的。不能選用土雞。很多人都搞錯了，拿土雞去做。可是，土雞的肉質太硬，要燉爛的話，得拿壓力鍋來燜煮，不過，壓了以後往往難以入味。當然，更不能用飼料雞。飼料雞水分太多，口感很糟。

　　立中說他試了很多次，只有一種叫做三黃雞，類似台灣的放山雞，肉質是最好的。

講起來簡單，但立中說，他回台灣也試了好幾次，從來沒有成功過，頂多七八成相似而已，但味道一試就知道不同。還真的是「自己做太累，到酒店太貴」呢！

立中說，他正在找答案，找到的話，就準備在台灣開大盤雞店了。

說真的，當我回台後，特別去找幾家專賣新疆料理的餐廳，想重溫舊夢一下，沒想到入口時差點兒沒吐出來。

唉，完全像是走味的咖啡⋯⋯

大盤雞啊大盤雞，至今，我對大盤雞念念不忘。但，看來想再品嚐新疆道地大盤雞的銷魂滋味，就像遙遠的路途一般，是遙不可及的夢想了。

剛起鍋的大盤雞熱騰騰的，還飄著宛如麻油雞一般的香味！為了它我真想買張機票，即刻起程，只為吃上一口也值得啊！

❦◈❦ 可口新疆皮帶麵 ❦◈❦

就當我們快要嗑掉一半大盤雞的時候，老闆突然走進來，手裡還拿了一大盤超寬的麵條。大家都很狐疑老闆的用意時，老闆開口告訴我們，這大盤雞最HITO的吃法不是配白米飯，而是拌著麵條吃。新疆的皮帶麵，其實呢，就是寬麵條，因為像繫在腰帶上的皮帶，所以新疆人管它叫皮帶麵。

將皮帶麵跟大盤雞拌勻，除了增加飽足感之外，入口又是另一番滋味。

▲▼暗暗的廚房裡，擺放許多獨門醬料，怪不得能料理出令人黯然消魂的好滋味！

　　寬寬的皮帶麵，沾著香麻夠勁的大盤雞湯汁，哇，我終於吃到傳說中的黯然消魂大盤雞啦！皮帶麵製作過程看似簡單，但其實料理的背後是很深奧的一道佳餚。在快炒過程中，味道聞起來像麻油雞；吃起來，嗯，有點像是三杯雞。加入皮帶麵之後又像是花雕雞。

　　哇喔！像是無敵鐵金剛耶，可以「三雞一體」。不過，管牠是什麼雞，我想這新疆大盤雞，絕對是萬中選一，獨一無二別人學不來的啦。

維族美味拌麵

新疆的國民美食

　　俗稱「拉條子」的拌麵，可以說是到新疆旅遊時一定會吃到的美味料理。不管是在大城市還是小農村，幾乎都會品嘗到，可謂是新疆的國民美食。口味上不特別辣或鹹，台灣遊客幾乎都能吃得慣。

　　新疆拌麵是用中高筋麵粉，按一定的比例混合，加上適量的鹽巴調製而成，再由拉工精良的師傅來拉麵條。那一根根拉麵在齒間彈牙的口感，融合各種青菜大火快炒後的香氣，至今仍是令我難忘。

主材料：
切塊羊肉（雞肉、牛肉也可）、青椒、白菜、姜豆、蕃茄、波菜、韭菜
調味料：
大蒜、辣椒、鹽、油

初訪者的第一首選

提到好吃的拌麵，這真是我在新疆吃最多的一種食物了，而且每一家餐廳做出來的味道，會因為加入調味料的多寡與拌入的蔬菜不同，而呈現多樣的口感。怎麼吃都不膩，像是羊肉拌麵又跟牛肉拌麵是截然不同的滋味，整體來說是一道普遍被接受的美食。

我十分推薦一家「五月花拌麵殿」，位於國際大巴札附近，是烏魯木齊很受歡迎的一家清真餐廳。因為一般的新疆傳統美食，在這裡都可以享

▲一鍋鍋待發酵的麵糰！▲師傅拉工精良！

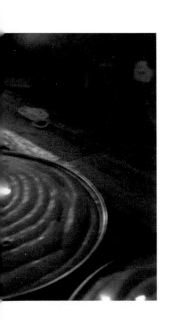

用得到，所以初到新疆的遊客很適合來此用餐，可以先大概了解什麼是「新疆味」。

　　還沒進門就發現門口高掛著許多獎章表揚，美食明顯的受到肯定。一走進去發現，廚房居然是開放式的，直接把桿麵製作過程秀給你看，讓人食指大動。好幾個師傅一起拉麵，光是架勢跟甩麵的碰撞聲，就足以想見拉麵的Q度與嚼勁，果真是千錘百鍊後不同凡響。

麵條的帶勁兒，源自於師傅的耐性

俗稱拉條子的新疆拌麵，是用中高筋麵粉，按一定的比例混合，加上適量的鹽巴調製而成，再由拉工精良的師傅來拉麵條。

那一根根拉麵在齒間彈牙的口感，融合各種青菜大火快炒後的香氣，至今仍是令我難忘。

不到中午時間，餐廳裡就已經座無虛席。

我忍不住好奇師傅們每天要捍多少量？詢問的結果居然一個師傅一天要拉個兩、三百份！還告訴我，他們的手一點兒都不會痠，因為，習慣了！

正在跟師父聊著天，同一時間另一頭的師傅就忙著炒菜。先用大蒜、

▲大火快炒才能拌出美味的拉條子！

辣椒爆香，鍋子裡發生吱吱的聲響。基本的大塊羊肉是一定要的，至於菜的種類，還真的是五花八門哪。因為季節跟地區的不同，而有許多的組合方式。包括青椒、白菜、姜豆、蕃茄、波菜、韭菜……等等，通通攪和在一起大火快炒，起鍋後整盤倒在麵上面拌著吃，光是看那五顏六色的蔬菜，就已經垂涎欲滴。再用筷子翻動拉麵拌勻，四溢的香氣已經讓我快餓翻天了。

果然一咬下去，真是驚為天人。

拉麵超Q的程度根本一時之間無法用牙齒咬斷，也讓貪心的我因為一下塞進太多拉麵進嘴巴裡，而咀嚼許久好不容易才吞下肚。

 雖然感覺像是通通攪和在一起，並未特別注重擺盤，但卻是香味俱全喔！這也反映新疆人的豪邁與不拘小節。

拌麵美味的秘密

　　我最愛吃麵了，平常在台灣就三天兩頭吃麵，但是一般吃到的不是意麵就是油麵，不然就是機器製造的麵，很少有手工的。

　　這裡的拌麵好吃的原因，除了是手工桿製之外，還有一個很重要的原因，就是新疆的小麥一年才收成一次，本身的品質就是精緻而且優良。

　　此外，調理的過程還有一個秘密。廚師會在麵條剛煮熟的剎那，立刻淋上冰水（其實只是常溫水而已。因為當地天氣寒冷，水溫不用加冰塊就幾乎就是冰水了），這樣就會讓麵條變得超Q超彈牙。當然，新疆的環境優良，鮮少污染，水的純淨自然是不在話下的。

　　麵條經過這道得天獨厚的天然洗禮，就如同獲得了加持，口感指數又向上攀升。新疆拌麵，如此美味。我想，就算要我搭上一整天的飛機只爲了吃這一餐，也覺得在所不惜啊。

平民美食——抓飯

抓飯的由來

　　手抓飯是維吾爾族的傳統風味飯食。特別在新疆維吾爾、烏孜別克等少數民族，逢年過節，婚喪嫁娶的日子裡，都必備抓飯來待客。他們的傳統習慣是請客人圍坐在桌子旁，上面鋪上一塊乾淨的餐巾。隨後主人一手端盤，一手執壺，逐一讓客人淨手，隨後遞給上乾淨毛巾擦乾雙手。然後主人端來幾盤抓飯，置餐巾上（習慣是二至三人一盤），請客人直接用手從盤中抓吃，故取名為「抓飯」。維吾爾族抓飯的種類很多，花色亦十分豐富。

✦ 簡單的製作過程 ✦

除了拌麵，抓飯是新疆維吾爾民族普遍喜愛的另一道佳餚。因為是用手直接抓起食用的，所以漢語稱為抓飯。不過，現在除了農村中的維族長者之外，幾乎都不用手抓著吃了，所以不用擔心，到新疆吃抓飯是會提供湯匙跟筷子的。

抓飯是新疆各少數民族的家常便飯，既然經常食用，想當然爾抓飯的做法也很簡單，把切塊的肉、皮牙子（十分類似台灣的洋蔥，但口感更溫和），以及新疆特有的黃蘿蔔炒到半熟後，加入鹽和孜然粉調味，再倒入清水用火燜煮半小時後，最後，將泡過水的大米，平鋪在鍋子的最上層燜煮，一道色香味俱全，且營養豐富的抓飯就大功告成了。

主材料：
大米、切塊羊肉（雞肉、牛肉也可）、新疆特有黃蘿蔔、新疆皮牙子（類似洋蔥）
調味料：
鹽、植物油、孜然粉

❧❧❧ 種類繁多，可口美味 ❧❧❧

　　現在的新疆抓飯種類很多，肉也不侷限只用羊肉，還可以用雞肉、鵝肉、鴨肉和牛肉……等等來做抓飯。甚至不吃葷的人，還有選用葡萄乾，杏乾等乾果來做的「甜抓飯」或叫「素抓飯」，一樣是美味可口。

　　看看這一鍋鍋的素抓飯，米粒油亮生輝，葡萄乾香氣四溢，而且從蒸籠裡冒出的白煙，混合素抓飯的甜味，讓我的口水都快要流下來了！

▲剛剛蒸好的葡萄乾素抓飯～

新疆的葡萄因為處於北緯38度，最負盛名。因此，製成的葡萄酒入口甘甜不澀，葡萄曬成乾又Q又香。素抓飯裡加入葡萄乾，實在是一絕，完全征服了我的胃！

大鍋抓飯，豪邁性格的展現

　　新疆抓飯的做法類似於港式的臘味蒸飯，但是，師傅在蒸好後，用勺子不斷地拌炒，又很像是台灣的炒飯。

　　嚐起來的味道，則像是融合了炒飯跟燴飯。沒有炒飯這麼乾，不過也不像燴飯那麼濕。口感上略微偏油，一般都會加入大量的植物油，我想，是因為天氣太冷了，新疆人的食物多半重鹹、重油又重辣，而且，不管是自家吃的，或路邊攤販賣的抓飯，總是炒這麼一大鍋，實在是十分符合新疆人豪邁的性格啊！

絕讚主食／平民美食抓飯

◀ 用土雞製成的雞肉抓飯！▲ 老一輩的維吾爾族長老還是習慣用手直接抓飯食用，所以才有抓飯這個名詞，而且選用瓷碗的高度，必須適用於右手虎口的弧度，吃起來才會方便順口！

ᨄ᷇᷇ᨙᨙ᷇ᨙ 黃蘿蔔的神奇功效 ᨙ᷇᷇ᨙᨙ᷇ᨙ

　　之所以難以形容抓飯的口感，是因為加入的原料當
中，有一樣最重要而台灣沒有的東西，那就是一種黃
色的食材：黃蘿蔔。

　　一般我們在台灣都是吃紅蘿蔔，煮成菜餚後，口感
軟軟爛爛的，甚至還有很多人不喜歡紅蘿蔔的味道。
但是黃蘿蔔就不同了。雖然兩者外觀差不多，只有顏
色不同，但是烹煮過後口感卻天差地遠。黃蘿蔔不會

▲黃蘿蔔非常的脆，刀子在砧板上發出重重的聲響！

生水，即使在用大火燜煮幾小時後，咬起來依舊清脆。而且在新疆，黃蘿蔔有「小人蔘」的封號，或許是黃黃的顏色跟人蔘有幾分相似吧，但也可想見黃蘿蔔的營養成分之高，以及新疆人對它的喜好了。

✿❀❀ 包子抓飯 ❀❀✿

　　在新疆的平民美食中，有所謂的「四大天王」：拌麵、抓飯、羊肉串，還有烤包子。這四大天王中的抓飯和包子還可以結合變成「包子抓飯」呢！

　　顧名思義，就是在抓飯上面放幾個薄皮包子，吃的時候你可以一口包子一口抓飯，也可以把包子皮弄破，讓裡頭的湯汁流出來混著抓飯一起吃，那包子濃郁的湯汁混合抓飯的香氣，真的是人間美味。據說包子抓飯也是維族人用來招待最尊貴的客人和最要好朋友的一道佳餚。

▲一桌豐盛的新疆菜餚，從上至下有辣椒沾醬，茯茶、丸子湯、拌麵，烤包子與抓飯～

終極版新疆拌麵

紡織廠牛肉拌麵

日本人也愛的新疆美食

前面已經介紹過在新疆俗稱「拉條子」的拌麵，絕對是到新疆旅遊必吃的美味料理，但是直到我品嚐了遠近馳名的「紡織廠牛肉拌麵」時，才發現封它為「終極版新疆拌麵」實在一點兒也不為過。

因為它好吃的程度，竟然吸引了日本媒體也跨海來採訪拍攝，而我們則是全世界第二家來拍攝的媒體呢！

◀ 新疆老闆很大方，每道菜都是盛裝得滿滿的～ ▲ 咖啡色的醬汁就是老闆不肯透露的獨門秘方！

❦❧ 員工餐廳「被迫」對大眾開放 ❦❧

　　為什麼我們叫它「紡織廠拌麵」呢？因為，這一家好吃的拌麵是位於中國最西邊的城市「喀什」的一家紡織工廠裡，本來只是紡織廠的員工餐廳而已，但後來因為師傅製作牛肉拌麵的手藝太厲害了，不只是紡織廠內員工讚不絕口，還紅到當地人口耳相傳，甚至

不惜冒充員工闖進員工餐廳，只為了品嚐一口拌麵的絕妙好滋味。最後，紡織廠只好被迫開放，讓大家都能吃到這一碗「終極版新疆拌麵」。

這讓我想到咱們台灣的台電員工餐廳，不也是因為酸菜白肉火鍋太好吃，於是大家便趨之若鶩地前往嗎？看來，台電酸菜白肉鍋跟喀什紡織廠拌麵還真有異曲同工之妙。而且我還觀察到，紡織廠拌麵遠近馳名的程度，居然有北京人大老遠開幾千公里來嚐鮮呢！真是為了美食，整個豁出去。不過說到底，我們也半斤八兩啦。

畢竟，我們也是為了製作新疆美食專題，才大老遠從台灣來到這裡啊！秉持著「我吃故我在」的精神，一聽到居然日本媒體曾經來拍攝介紹過，我們又豈能落人後呢？於是透過安排，擠身為全世界第二家來採訪的媒體。

◀ 這是中午11點拍的照片，12點一到立刻全坐滿！▼沒有講究的爐灶，卻料理出絕讚的口味！

加麵是免費的，盡量吃吧！在新疆絕對不怕餓肚子，只怕你的胃不夠大！

▲紡織廠拌麵使用的配料多樣，顏色豐富！

製作的每個關鍵都得掌握好

才剛剛走進紡織廠，果然看到大大的廠房還有許多員工們的腳踏車。再往前走，看到一個「阿布都克力木飯館」的斗大招牌，下面寫著「拉麵」兩個大字。就是這裡沒錯了。

因為要拍攝製作過程，我們提早抵達了，看見師傅們都還在準備材料呢。那些材料一字排開，真是豪氣風雲哪，每一樣食材都用一個大臉盆盛裝著，數數看竟有十個大臉盆。這還只是蔬菜而已。往廚房裡走，看到一大堆的去骨牛肉裝在一種超大的鋁盆內，天啊，光是午餐而已，難道就要準備幾百人份的拌麵嗎？想想這家餐廳果真名不虛傳，待會兒上門的老饕想必是絡繹不絕吧。

不過光看這牛肉拌麵的配料，和一般的拌麵似乎沒什麼兩樣，只不過羊肉換成了牛肉，又多加了粉絲，這吃起來的味道，究竟能有多大的差別呢？其實光是加入粉絲這點，我就覺得很新鮮了。畢竟，麵條加粉絲我還真沒吃過哩！

拌麵要好吃，每個關鍵都得掌握好。我仔細觀察，怎麼師傅都往裡面走去呢？原來，準備好配料以後，算算時間就要準備開始桿麵啦！

好幾個師傅一起拉麵，分工合作，先把麵粉揉成手掌大小圓形，隨後再交由另一個師傅桿成長條形，最後再給另一師傅邊搓邊拉，變成更細長的麵條。只要看到這些繁瑣的手續，就足以想見拉麵的Q度與嚼勁。

品味「喀春」，健康一生

　　此時，我發現一個很妙的現象，那就是所有的師父都穿了制服。這制服正面看很正常，可一轉身卻讓我噗嗤一聲笑了出來。原來，師傅們穿的都是由喀什一家很大的麵粉公司所提供的衣服。這一家公司叫做「喀春麵粉」。衣服背面的標語寫著：「品味喀春，健康一生！」乍看之下沒什麼奇特，但若是用台語發音，「喀春」就變成很像是台語的「屁股」之意。

所以，連接起來念，就變得相當搞笑。我知道師傅們聽不懂台語，就用台語解釋給工作人員聽，大夥兒都笑成一團！這讓我想起以前的台灣，爸媽那一代也穿著麵粉袋製成的衣服。男人的褲襠前面寫淨重幾克，屁股後面寫小心輕放，還真是有幾分相像，使人備感親切呀！正當大家說說笑笑之際，爐灶那裡已經傳出鍋鏟聲了。

只見師傅們陸續把葫蘆瓜、姜豆、番茄、青椒和粉絲依序倒入鍋內大火翻炒，再加入大蒜、辣椒、洋蔥、鹽、油，最後放入獨門秘方

醃製的去骨牛肉，還要摻入一碗最重要的花椒水，三兩下快炒後立刻起鍋。

天啊！撲鼻而來的味道，連距離我有一公尺遠的攝影師肚子的咕嚕叫聲，都聽得一清二楚！這就是從事美食拍攝工作中最殘酷的考驗了。一定得忍住誘惑才行，但是往往等到拍攝結束，食物也涼了，不好吃了。

此時的我，只能拍拍攝影師的背，投以同情的眼光，然後默默地轉過身，藉著主持人的身分，理所當然地搶先大快朵頤一番！

▼我一個人就吃了兩碗牛肉拌麵，真是人間美味啊～

施展魔法的美味拌麵

當我吃下去的第一口，真是美味到令人傻眼啊。我簡直說不出話來，只能在心底呼喊著：「師傅，你太神奇了！」

明明是同樣的食材，但不知道施展了什麼魔法，還是加入什麼不肯透露的獨門秘方，這碗拌麵就是有股說不出來的清香。而且重點是「俗又大碗」，端上來的一大盤菜，足足有五、六人份，才要價25元人民幣，折合台幣約一百元而已。至於拉麵是算人頭的，一個人一份，只要1塊錢人民幣，而且還可以一直免費加麵呢！難怪一到午餐時間，這裡就停滿了來自各地的車子。仔細看看汽車廠牌，還有不少是有錢人的進口車呢。

吃完了以後，我忍不住再添一碗。可別看我瘦小，食量可不小喲，尤其是遇到我愛吃的東西時，人類的潛能往往就在這時候發揮了。

這家飯館絕對不怕你吃垮，就怕你吃不飽。除了加麵以外，你還可以享用麵湯。烹煮拌麵的麵湯是原湯化原食的，味道甘爽，讚得不得了。麵湯一下肚，保證讓你的胃有一種劃下完美句點的滿足感。絕對不能錯過！

如今喀什的紡織廠拌麵早已盛名遠播，幾乎在喀什，人人都知道這個地方，就連公車站也在此特設一站。所以，下次若有機會拜訪新疆的話，一定要親自前來品嘗看看我心目中終極版的新疆拌麵。

可以食用的變形金剛

　　在新疆已經有二千多年的歷史，是波斯語「麵包」的音譯，也是新疆各個少數民族的日常食物。饢是到新疆旅遊時，絕對會嘗到的主食，因為它的水分少，耐於存放，又便於攜帶，所以若是要到沙漠探險，往往一個饢就能代替一餐啦！

　　為何我形容它像變形金剛呢？因為現在新疆的饢，種類非常多，而且「變形」得很有趣。大的可以大到像臉盆；小的就只有茶杯口徑一般；還有一種根本就是偽裝成貝果（Bagel）。而且，每個都硬到像是金剛不壞之身，拿來打人鐵定很痛！若不是趁剛出爐還酥脆食用的話，恐怕就得用手掰成一小塊慢慢啃。當然，牙齒要很夠力才行。如果還是嫌硬的話，就得泡在奶茶或羊肉湯裡，待軟了以後再吃了。

◀各式各樣有扁有圓的饢，是新疆大人小孩都愛吃的主食！
饢的原料：小麥或玉米粉
饢的餡料：羊肉、孜然粉

用心、用力製作的饢餅

因為是維吾爾族人的主食，所以幾乎每一家都有個大饢坑，連小朋友都在一旁幫忙，好像我們台灣全家人總動員包餃子一樣。

其實，不只維族人，所有新疆民族都很喜歡這種食物。所以，有「一天不吃饢心慌，二天不吃饢腿軟，三天不吃饢罵爹娘，四天不吃饢要拆牆」的俚語出現。

我在喀什的老城區參與了一個家庭的烤饢過程，才發現沒有想像中的簡單。首先，光是要桿出那近乎正圓的形狀就難倒我了！東西到了我手上，就不聽使喚，變成橢圓形的，甚至還不小心弄破了一個。然後，要在饢上面用一種特殊工具戳上花紋，戳得太

重或太輕都不行。太重，會穿過饢，破了就不好看；太輕，則烤不熟。在饢上面戳蓋花紋，功用是在烘烤時可以透氣些，受熱也比較均勻。另外一方面當然也有美觀的作用。

真沒想到製作饢餅需要那麼多的技巧。當一切就緒送入坑爐烘烤之前，還有一道更重要的手續，那就是必須在饢的底部刷上一層鹽巴水，否則這麼大的一張饢餅，恐怕一下子就會從坑壁上脫落了。最後等待十幾分鐘以後，熱騰騰又香噴噴的饢，就烤熟出爐。

▲ 維吾爾族婦女正在埋頭，用心製作饢餅～

✿❀❀ 饢，味蕾上的震撼 ✿❀❀

　　剛出爐的饢超級好吃的！我在新疆的頭幾天，不管看到的或吃到的都是硬的不得了，必須浸在湯裡才能軟化的饢，害我一直對它沒有好印象。總覺得天氣已經這麼寒冷，又要啃這種硬到可以打人的東西。沒想到，這一回竟有機會品嘗到剛出爐的饢，讓我充滿期待。

剛烤出來的饢因為有著充足的水蒸氣，所以咬下去時完全不需費力。

那種酥酥脆脆的紮實口感，加上香氣撲鼻而來，嗯……真的好好吃喔！對我來說，愈是簡單的食物愈要做得好才是困難的。不過，一旦掌握了訣竅，通常對味蕾帶來的衝擊才是最令人震撼的。我望著撥開的饢的熱氣，瀰漫在冷空氣中產生的白霧，結合著從口中散發出的奶香味，油然而生的，是一種幸福的感覺。

旁邊的大嬸看我吃得如此陶醉，對鏡頭讚不絕口的表情，於是也開心得大笑起來。我永遠記得她的表情，溢滿著驕傲，因為，那饢餅是出自於她的雙手。

我想，她一定很難想像只不過是他們每天吃的普通食物，怎麼會到了我嘴裡卻變成了珍饈美味？

▲小販正在街頭販售饢，一張張像極了披薩的餅皮。

▲食用饢一定要用手撕成小塊再入口，千萬不要直接咬，很不禮貌！

變形金剛的幾種身態

新疆的饢，款式繁多，果然不負變形金剛之稱。關於饢的種類，大致可以分成以下幾種：

✦ 饢中之王—最大的饢 ✦

直徑幾乎像個臉盆般大小，維族語叫做「艾曼克」，外型跟披薩很像，只差中間不是放餡料，而是戳上一些漂亮的花紋。

這種饢製作起來費工又費料，每一個饢都得耗掉將近一公斤的麵粉。拿尺實際測量一下，哇！直徑足足有40到50公分，怪不得有「饢中之王」的封號。

我第一次看到這種饢時，因為好奇加上餓了，就直接整張拿起就往嘴裡咬。結果，這位請我吃的維族青年笑著用手示意我，應該用手掰，撕成一小塊以後再入口。

原來維族人的艾曼克是全家人當成主食一起分享的，並不是一個人吃一張大餅。所以千萬記得，不要像我整張饢拿起來咬，才不會出糗，以為我們從台灣來的現在景氣不好，到這種飢餓的程度哪。

∙͡⊙͡∙ 新疆貝果─最厚的饢 ∙͡⊙͡∙

　　在我看來是偽裝成貝果（Bagel）的饢，維族語叫做「吉爾德」，通稱窩窩饢，中間有個小窩洞，幾乎跟貝果長得一模一樣，連口感也有99%雷同。

　　我是在喀什的牲口巴札裡看到它的，第一眼的印象就覺得這根本是貝果啊！還想是要搭配果醬或培根嗎？沒想到，旁邊出現的是一大鍋的羊肉湯。難道這兩樣東西要一起搭著吃嗎？果然，我發現座位上所有的維族人，都是一次點兩樣東西搭著吃。既然如此，我就來試試看！

味道還不錯，雖然乾吃窩窩饢，奶香味超濃且很有嚼勁，但若沾著羊肉湯食用的話，味道就變了。頓時口中有了清香羊肉的味道，而且比較不那麼乾。尤其當時是正中午，沙漠型氣候的新疆在午間時刻其實是滿熱的，光吃窩窩饢，有點兒難以吞嚥，於是配羊肉湯就變得溫順好入喉了。

不過正在享用美食的我，突然被一個景象給震懾住了。我赫然發現，後頭兩個師傅賣力製作窩窩饢的過程，實在讓我大開眼界。

原來，為了一次烤更多的饢，兩位師傅分工合作，跪在饢坑周圍用木板搭成的檯子上，接著以手支撐全身的重量，整個上半身便完全埋入了小小的饢坑裡。兩位師傅輪流

著這道程序，因為坑口直徑太小，一次只能容許一個人探頭進入，所以一個人起身以後，就換另一人埋進坑內。外人看來，他們就好像快掉進坑裡了。

放饢進坑的動作非常迅速，大約每個人僅僅只花一秒而已。就這樣，他們平均一秒黏一個饢進坑壁，很快的，高約一公尺的饢坑馬上就佈滿了窩窩。

我想到每天光是這樣子跪著下腰的動作，不知道重複多少次，就覺得實在太令人佩服。我甚至發現一位年輕的維族師傅，辛苦到連褲子破了都不自知呢！

▲仔細看看認真工作的小販，褲子破了還不自知哩！

饢中之子—最小的饢

　　就只有普通茶杯口大小而已，維族語叫做「托克西」，厚度約只有1公分左右。提醒你，維族人很愛乾淨，在街上看到攤子上販售的一堆饢或其他食物，千萬不要因為好奇就隨意伸手觸摸。除非你決定要購買，否則這樣不禮貌的動作可是會惹惱對方的。

　　幾年前，曾經有當地漢人喝醉酒，用手觸摸了一個維族人販售的羊肉，導致兩人大打出手還鬧出人命。其實維族民眾都很友善，只要彼此尊重文化差異，都能和平相處。

❦❧ 饢的其他吃法 ❦❧

　　想不到窩窩饢跟羊肉湯居然是絕配。其實，饢的吃法除了搭配羊肉湯之外，維族人也喜歡拿來配奶茶或是茯茶。另外，饢也能入菜喔！將饢塊與羊肉一起炒，就變成了饢炒肉。

　　還有，在饢上面放上烤羊肉就叫饢包肉。各種吃法各有不同的風味，也都廣受新疆人歡迎。或許你創意夠的話，下次到新疆也可以發明更多不同吃法呢！

▲饢雖然很便宜，但因為是維族人的主食，所以薄利多銷，生意還算不錯！

新疆羊肉面面觀

羊肉征服人類的胃

維吾爾族人統稱烤肉為「喀瓦普」，一般而言泛指烤全羊、烤羊肉串、饢坑烤肉和烤肉末……等等，幾乎全都是羊肉。

因為維吾爾人信奉伊斯蘭教，不吃豬肉，因此羊肉是大宗。

一家知名餐廳裡高高掛著的標語：「七百年前，草原上的狼征服半個世界；七百年後，草原上的羊，征服全世界人的胃！」

的確，新疆的羊，征服了許多人挑剔的味蕾。

這裡的羊，絕對跟你在台灣吃到的不一樣，也跟內地其他地區羊的肉質大不相同。因為新疆在喜馬拉雅造山運動以前，許多現今的草原從前根本是埋在海底的，因此，造山運動浮出後的草原便蘊含豐富的鹽鹼。

新疆的羊吃了鹽鹼地上長出來的草，在肚子裡經過酸鹼中和，肉質當然完全沒有腥羶味。而且羊兒喝的還是純淨無污染的天山雪水，怪不得肉質鮮甜，溫和補身，簡直是羊肉中的極品啊！

用鐵籤串起的羊肉串，是新疆街頭常見的美食，黃色的孜然粉加上紅色的辣椒粉，交織成新疆羊肉串獨特的滋味！

▲在喀什牲口巴札中販賣的「紅柳枝烤羊肉」，羊肉中有著紅柳枝的木炭焦味，令人垂涎欲滴～

烤全羊最佳進補—羊眼睛

烤全羊這一道料理對生活在台灣的我來說，可說是大開眼界。因為一般我們在台灣比較常見到的只是烤乳豬，很少會見到將一整隻羊拿去烤的。所以，當烤全羊一推出來的剎那，那畫面真是震撼。

對維族人來說，烤全羊是用來招待維族人眼中被視為最尊貴的朋友或客人。因此，好客的維族人會把他們認為最補也最精華的「羊眼睛」請你吃。

沒錯，別懷疑，是羊眼睛。羊眼睛好不好吃，見人見智，我只能說可不是每個人都偏愛的。喜歡的愛死了，搶著吃；害怕的則是為了賓主盡歡，只好和著白酒吞下肚。這就像有些饕客鍾愛魚眼睛是一樣的道理，雖然魚眼睛跟羊眼睛的大小和味道實在有天壤之別。

撇開羊眼睛不談吧，其實烤全羊的肉質是很讚的。烤全羊選用的通常是兩歲以下的小綿羊，在宰殺前屠夫會先念一段伊斯蘭的祝禱文。說也奇怪，聽著祝禱文的羊兒彷彿就像是受到感召似的，平靜的任人宰割。隨後將內臟毛皮處理乾淨，再用鹽巴抹在羊的全身，塗上由雞蛋、麵粉、胡椒、孜然和姜黃等調製而成的沾醬，將整隻羊放入一個特大號的饢坑中，悶上三到四個鐘頭就完成了。

烤羊肉串—被燙傷也甘願

烤全羊雖然特殊，但我最愛吃的，並且保證肚子裡能夠塞得下最多的東西，還是新疆烤羊肉串。況且，到新疆怎麼可以不吃烤羊肉串呢？不吃，就等於白來了呀！既然人都到了，當然要「多多益善」哪！

在新疆，幾乎隨處可見擺設在路旁的長條形的烤肉爐。有點像是台灣夜市的燒烤，只不過這兒是以烤羊肉為主。方形的肉塊以長長的鐵籤串起，師傅們邊烤邊灑上鹽巴跟辣椒，搭配著此起彼落的吆喝聲，羊肉雖然都還沒入口呢，彷彿就已經感覺到肯定好吃了。

雖然烤羊肉串看起來跟台灣的燒烤大同小異，可是，味道卻是大相逕庭的。原來，秘訣就在於最關鍵的孜然粉。

孜然是什麼？它是新疆烤肉必備的一種調味香料，孜然又名「安息茴香」，維吾爾族稱之為「孜然」，原產於中亞、伊朗一帶，不過在中國只產在新疆。英文為cuminseed。鼻子靠近嗅聞時，有著淺淺的咖哩香氣，一入口又盈滿著義大利綜合香料的豐厚。在嘴巴咀嚼之間，野性的

天然草香，引領著燒烤風味，在這之間還有不容易被發覺的清涼味，以及舌尖殘留下的微微刺激感受。

運用在肉類的烹調上，孜然粉與羊肉的渾然天成融合，更是將羊肉的自然香甜，毫無保留地凸顯出來。

在炭火的燻烤下，羊肉滋滋的滴出油來。撲鼻而來的是濃濃的西域風味，肚子也開始忍不住咕嚕咕嚕地叫了起來。提醒您，一定要趁熱吃喔！因為吃太慢的話，以新疆的氣候，長長的烤羊肉串可能吃到最後剩下一兩塊肉時，就已經冷掉了。

不知道是因為太好吃，還是新疆人吃東西太過豪邁了，大塊撕咬羊肉的結果，導致許多新疆男人在嘴角都留下被鐵籤燙傷的烙印呢！但是我想，如此的人間美味，即使被燙傷也甘願啦！

香味燒烤｜新疆羊肉面面觀

❧ 紅柳枝烤羊肉 ❧

　　紅柳枝烤羊肉，顧名思義，就是拿紅柳枝串著羊肉下去烤囉。比起之前我在烏魯木齊的路邊經常看到用鐵籤串烤的羊肉，更加有塞外風情的原始況味。

　　至於做法則是把羊肉串抹上用麵粉、雞蛋、胡椒和孜然混合的醬

料，然後放入大饢坑中悶烤，一出饢坑就會立即聞到孜然融合著紅柳枝的濃郁香氣。

孜然可謂是在新疆飲食中經常會用到的上等佐料。它的口感風味極為獨特，氣味芳香而濃烈。當我在「喀什牲口巴札」逛的時候，便看見維族民眾不分男女老少，許多人都將孜然嚼得津津有味的模樣。當時我心想，那口感一定不賴才對！於是，嘴饞的我不假思索，立即伸手，好像擔心慢半拍就會被別人搶光光似的，趕緊抓一根剛出爐的孜然。

沒想到，被烤得紅通通的柳枝非常高溫啊，一時不察，我的手指差一點就變成「紅海茵烤人肉」了！好疼哪！

看來這教訓就是即使美食當前，也要慢慢享用才對。

話說回來，紅柳枝烤羊肉飄蕩的香氣實在是令人沉醉。萬般微妙口感，凡人無法抵擋啊！

香味燒烤｜新疆羊肉面面觀

▲在炭火的燻烤下，羊肉滋滋的滴出油來。

在新疆，幾乎隨處可見擺設在路旁的長條形的烤肉爐。有點近似台灣夜市的燒烤，只不過這兒是以烤羊肉為主。

∽◦֍ 綿羊、山羊大不同 ֎◦∽

　　到了新疆以後，我幾乎一路上都在吃羊
肉。特別是到了喀什的牲口巴札時，發現羊的
品種還真是繁多。於是，嘴饞的我想到的第一
個問題就是，我們到底應該如何簡單分辨哪一
種羊比較好吃呢？

　　原來，在新疆通常吃到都是綿羊，不過有
時候，山羊的價值比綿羊還高。雖然肉質沒有
綿羊好好吃，但山羊的毛可是頂級品，比綿羊
的毛要貴上很多。

◀左圖為綿羊 ▲上圖為山羊。

　　那麼，為什麼新疆人比較少吃山羊呢？原因是牠的肉質比較硬，所以當地人只是偶爾吃一吃而已。一般來說，多選在九月或十月這段季節，用意有點類似於我們台灣人喜歡在秋令進補的感覺。

　　另外一個原因就是堅持選十公斤以下的小山羊。因為特別補，而且肉質相對來說也比較嫩。一旦超過這個重量，肉質就老掉，口感也就不優了。

大膽飲食羊麵肺子、塞脾

　　新疆人信仰伊斯蘭教，以食牛羊為主，完全不吃豬肉。牛羊風味
小吃名目繁多自不待言。但大多數新疆人酷愛吃羊肉，不要說烤全羊
了，連羊的內臟也絕不輕易放過，當地人習以為常，但是對遊客來
說，恐怕就得挑戰膽量了，你吃過羊的肺臟跟脾臟嗎？接下來海茵便
一一為您介紹這兩樣新疆最怪味的「麵肺子」&「塞脾」！

▲販售麵肺子的小販，長條狀為羊腸，白色塊狀則為麵肺子。

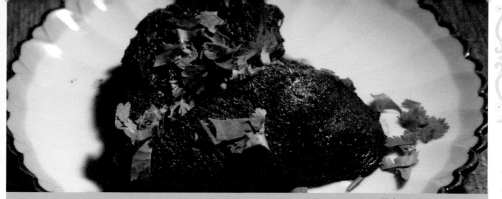

黑黑怪怪的好味道—塞脾

前面品嚐了羊的肺臟—麵肺子，接下來要告訴你一樣黑黑怪怪的好料理，不過新疆達人趙立中卻說：怕你看了可能不敢吃！究竟這黑麻麻的好料理，是什麼樣的器官，讓立中說的如此恐怖？

這一盤黑漆媽污的東西，叫做塞脾，原來是羊的脾臟，將羊脾仔細清洗乾淨後塞入羊肉，羊油跟洋蔥，也是跟麵肺子同樣料理手續繁複的一道新疆道地小吃，端上桌後看起來賣相不太好，嗯‧‧‧‧‧會不會味道怪怪的呢？

我透過筷子夾起時還感覺得出來塞脾軟爛的觸感，加上趙立中在我旁邊露出一臉詭異想要陷害我的表情，讓我一直企圖用筷子夾少一點塞脾的餡料，以免等會送入口就不好意思吐出來啦～

沒想到嚐到後，發現滋味其實還不錯耶！趙立中馬上說：「對啊！怎麼說我陷害妳呢？

味道是不難吃，只是我吃不慣就是了！

未料我卻越吃越順口，繼續咬了幾口，軟軟嫩嫩的，有一點像豆腐的滋味，但是因為孜然的味道很重，所以把其它一些奇怪的味道給蓋過去了，我想其實就跟中國人吃動物內臟，老外看了不敢領教一般，這種獨特美味，恐怕也是有人如獲至寶，有人敬謝不敏吧？

﹃新疆第一怪味—麵肺子﹄

　　到新疆必定得品嚐的烤羊肉串，不過是新疆羊肉料理中最便宜、做法最簡單的一種而已，除此之外，還有烤羊心、羊肝、羊腰子、羊肚、羊血管、羊骨髓等等‧‧‧‧‧幾乎五臟六腑都可以往嘴裡面送！其他還有羊肉湯、羊下水（即羊雜碎）、羊蹄子、羊頭肉‧‧‧‧‧簡直是從頭吃到尾，一樣都不少！很像台灣牛家莊之類的餐館，看樣子咱們中國人對牛羊真是全身善加利用，但是其中一道麵肺子，做法十分獨到而精緻，一般都在宰羊之後，細心地將羊內臟完整地取出，用清水灌洗羊肺至白淨無色，羊腸翻洗乾淨備用。將羊肝、心和少量腸油切成小粒，加適量胡椒粉、孜然粉、精鹽與洗淨的大米拌和，均勻作餡，填入羊腸內。再把麵粉攪成漿，加鹽和清油一併灌進羊肺內，然後放入水中煮兩小時，切片後加上羊肝、羊腸等

雜燴，再淋上辣椒紅油，這一碗味道十分火辣的麵肺子和羊腸就完成了。

麵肺子拌著羊雜碎湯端上桌時，看起來並不可怕，但也不怎麼可口的樣子。此時我注意到帶領我們的新疆達人趙立中，馬上閃躲老遠，還說我自己吃就好他不餓，這時我心裡有數，它的味道一定很@#$%‧‧‧‧‧‧但是為了告訴大家這玩意兒是何味道，我心理建設告訴自己它跟雲南的竹蟲、蜂蛹比，真的不算什麼，於是便硬著頭皮夾起一塊麵肺子火速往嘴裡塞，說時遲那時快，當時我還沒感受到什麼味道，就被辣到眼淚快流了下來～

原來麵肺子使用障眼法這招，本身沒啥味道，倒是加了火辣辣的紅油，混合濃郁的孜然香味，讓我硬是嚐不出什麼味道。其實說到底「麵肺子」顧名思義，麵粉原料佔絕大多數，所以撇開辣椒、孜然等香料，最後嘴裡就是嚼麵的味道啦！至於羊腸子的口感就像是台灣糯米腸，只是我還是比較愛糯米腸香Q的咬勁！

台灣有句俗諺說「做到流汗，被人嫌到流口水」（台語），麵肺子在新疆就是受到這樣的待遇，因為它的作工相當費時，吃的人又少，當地的漢人幾乎不太食用。所以新疆人說「十個女人做，一個男人吃」，雖然趙立中不吃，不過就是有人特別愛這味，維吾爾族人更是形容：「腸糯鮮，肺軟嫩」羊肚、麵筋有嚼勁，香噴可口，風味獨特，不愧為新疆民族風味之佳品！

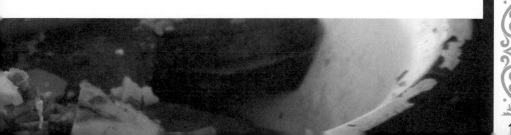

新疆第一補品──鴿子湯

十全大補養生聖品

　　新疆人酷愛吃羊，但真正懂吃的人，恐怕更愛吃鴿子，不管是烤的、煮的一樣補身子。而且新疆人很聰明，知道可不能補過頭，所以在鴿子湯裡頭，特別放入一種叫做"鷹嘴豆"的配料，因為維吾爾族人深信"鷹嘴豆"對心血管疾病有預防的功效。

▲ 圖為鴿子湯，一整隻燉鴿子，數片饢加上鷹嘴豆。

滿街都是鴿子湯

　　但我不管這十全大補鴿子湯有多厲害，光想到鴿子這麼可愛的小動物，我就不忍心吃進肚裏。很難想像，鴿子是新疆人除了羊肉之外，最常食用的動物之一。一般在街上大多賣的是烤乳鴿，製作方式和烤羊肉串一樣，放在鐵架子上烘烤，味道多了一點炭烤後的油焦香，不過要補身子的話，還是得喝鴿子湯才行。我在台灣從未吃過鴿子肉，一邊想像著到底是何滋味？一邊有點自責的覺得自己好殘忍，就這樣想著想著也到達目的地了。一下車我簡直是看傻了眼，發現居然一整條街都是鴿子湯專賣店，數一數差不多有十來家吧，店門口玻璃上貼滿了鴿子圖案的貼紙，感覺彷彿來到華西街的蛇肉專賣店哩！

　　沒想到進入店內廚房更讓我接近暈倒，一大桶的燉鴿子，勺子一舀，裝滿一桶桶被切除頭部的完整鴿身，光是這家最起碼就有上百隻，更遑論整條街都是鴿子湯專賣店？這讓我不禁納悶新疆人有這麼愛吃鴿子嗎？到底鴿子肉和鴿子湯是何等人間美味？有何十全大補神奇療效呢？

　　沒多久，一名侍者用拖盤端了一整份套餐上桌，我的天啊！還真是豐盛耶！我以為單單就一碗鴿子湯，沒想到套餐中另附有一碗鴿子湯，一隻燉鴿子，以及另一碗是幾片饢加上一顆顆黃澄澄的鷹嘴豆，絕對讓你吃的過癮。此時我還在猶豫該如何下手，但一旁的新疆達人趙立中卻早就垂涎三尺，食指大動了！立中還開心的說他每次來一定吃兩隻鴿子，連喝三碗湯，他還特別強調一般熟客喝鴿子湯是可以免費續碗的，所以他每次一到喀什，絕不會錯過鴿子湯的美味，總愛一碗接一碗，我糗他小心不要補過頭流鼻血啦！

❧❧❦ 一鴿抵九雞 ❦❧❧

鴿肉含有豐富的血紅蛋白，蛋白質含量比豬肉高9.5%，脂肪含量相對比較低，營養作用則優於雞肉，而且比雞肉易消化吸收，因此民間有"一鴿抵九雞"的說法，因為鴿子的性激素分泌非常旺盛，故中醫認為它還有補腎壯陽之用，另外對於用腦過度、神經衰弱的恢復也有明顯的療效。

其實鴿子的肉質與雞肉十分相似，但稍微細嫩一些，經由長時間燉煮也不像雞肉有老掉，甚至難以下嚥的口感，加上鴿子湯喝起來與雞湯簡直無異，甚至還挺好喝的，一旁的趙立中不斷用搞笑的口吻說：多喝一點，這湯喝下去，男生強壯，女生漂亮喔！好吧～那老闆，我也要再來一碗啦！

▲維族人愛乾淨，店家門口多設有洗手抬，進入用餐前可洗淨雙手！

新疆最夠味

煙熏馬腸、馬肚

　　每年11月底到12月份，是哈薩克族牧民熏肉的旺季，馬腸子是熏肉中的上品。哈薩克族牧民最拿手的便數做馬腸子了，他們挑選膘肥體壯的馬宰殺後，取其腸子，仔細清洗乾淨，按馬的肋條切成條肉，連同肋骨灑上鹽巴、胡椒粉等佐料，灌進3尺多長的馬腸內，兩頭扎緊，掛在屋子裡面風乾，一個月左右即成。

　　除了用肋骨肉灌腸外，還用碎肉和塊肉來灌腸，也有用燻的方法來做馬腸子。哈薩克族人製作的馬腸脂肪豐富，但油而不膩，瘦肥分明，不僅顏色悅目，而且營養價值很高。

以外型來看，煙燻馬腸外觀就像台灣的香腸，但不是普通香腸喔！它的直徑大小可是類似士林的超大香腸呢！於是我決定先來嚐嚐馬腸子。原本對馬肉有所疑慮的我，竟然開心地笑了起來，原來馬腸的味道其實跟火腿沒兩樣嘛！我甚至還請教了老闆，黃色的部份原來是馬的肚子，其實並不難吃。嗯‧‧‧‧‧‧應該說很夠味～

　　至於黃黃的馬肚，感覺就像是我們平常在吃的滷味裡頭的腸子一樣，也像是牛肚般的有嚼勁，但稍微有些許偏鹹，但就整體來說，風味還是相當不錯喔！

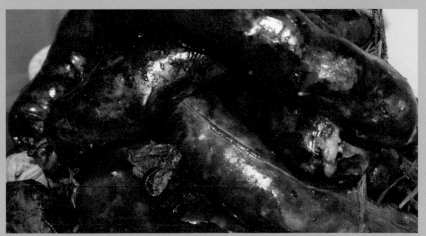

▲超有嚼勁的馬肚！▼風味甚佳的煙燻馬腸！

▲煙燻馬腸、馬肚、超大盤的納仁麵，都是哈薩克族最正統的風味佳餚。

౼యోా 牧民宴客必備─納仁麵 ౼యోా

　　端上來的這一道白白淨淨，只有羊肉和皮牙子（即洋蔥）佐料的納仁麵，用漢族人的說法就是手抓羊肉麵，因為做法簡單，食用方便又好吃，所以是牧民宴請賓客的上選佳餚。

　　納仁麵的做法是把羊宰殺後，去其五臟，把羊肉切成大塊，一般按腿、肋骨、胸等部位分塊，放在涼水鍋裡開始加熱，煮沸後，撇去血沫。一般兩個小時即可煮熟。煮熟的羊肉用刀切成小塊後同麵拌在一起，並撒些洋蔥等調味品，然後用手抓着吃，就是手抓羊肉麵。吃完後主人還會請客人喝碗原汁湯，以達到"原湯化原食"的目的。吃這種飯有許多講究，特別是在牧區，可說是反映了主人待客的尊重與熱情。

　　哈薩克族牧民在做這道納仁麵之前，要舉行一種"巴塔"儀式。就是把要殺的羊牽進氈房，或是在氈房門口，請客人過目和允許。客人此時也要對主人表示感謝和祝福。這時主人才會把羊拉去宰了。吃肉之前，主人和客人都要先洗手。進餐時，主人要把羊頭放在主要客人的面前，以示尊敬。客人在吃肉之前，先要用小刀削下羊頭臉面的一塊肉，送給主人，或是放在盤中；再割一只羊耳朵給主人的孩子，或是座席中年紀最幼者，意思是希望晚輩聽長輩的話。然後把羊頭還給主人。等這些禮節結束後，大家才開始吃肉。

　　比較講究的納仁麵，會用煮羊肉的湯汁下麵，吃起來的麵條帶有濃濃的羊肉香味，加上大到不能再大的羊肉塊，確實能達到賓主盡歡的待客之道，不過對於牧民們來說，酥油奶茶才是他們每天不可或缺的最愛。

「食味」新疆

絲綢之路的豐盛饗宴

☙清真佳餚☙

　　新疆至今仍保存了維吾爾族人的傳統習俗，擁有二千年歷史的深厚文化底蘊。遊歷新疆，彷彿身在“一千零一夜”的寓言傳說當中。究竟信奉伊斯蘭教的穆斯林，最正統，最原汁原味的清真饗宴，是如何的華美豐盛呢？不需身著華服，也不需盛裝打扮，只要坐上海茵的文字魔毯，即可帶您大開眼界，一飽口福！

　　號稱「中亞美食博覽中心」的烏魯木齊，匯聚了新疆地區的各方美食，但您知道嗎？在新疆，舉凡婚喪喜慶的宴會場合，都必得選在清真餐廳才行，不同於在台灣宴客，你可以有泰式、日式，或法式料理任君挑選，因為這兒所有的親朋好友，必然是各民族混雜。

圖正中央為「虎皮辣子燒茄子」，左為「椒麻雞」，右上為「皮辣紅」，右下為「涼皮子」。

比方穆斯林就絕不碰豬肉，若是選擇一家滿漢餐廳，又端上一盤豬肉，那可就糗大了，並且也得罪賓客，這是相當不禮貌的喔！正因為如此，在新疆，漢人開設的餐廳並不多，特別提醒你，在新疆最好連"豬"這個字都不要說出口，請改以「大肉」來取代，以免遭受一頓白眼！

烏魯木齊有一家知名的「雪蓮花清真快餐廳」，裡頭的特色烤牛肉因為標榜不含嫩精粉、不含油脂，因而遠近馳名，甚至還在烏魯木齊開了好幾家連鎖分店，我們特別花了半小時的車程前往，外觀乍看之下毫不起眼的清真快餐廳，端上桌的美味佳餚卻讓我驚豔不已，直呼是這趟絲綢之旅上最豐盛的饗宴！

▲左為「牛排麵」，右為「乾鍋魚」。

稀奇古怪——虎皮辣子燒茄子

　　大魚大肉的，又是牛排麵又是乾鍋魚，正在疑惑新疆人怎麼不吃蔬菜時？才恍然發現，原來青菜在這裡啦！不過，ㄟ‧‧‧‧‧‧這到底是啥玩意兒呢？原來是台灣沒有的食材，名叫「虎皮辣子」，是種貌似青椒的辣椒，炸過之後跟茄子一塊兒上菜，叫做「虎皮辣子燒茄子」。新疆不只辣椒長的怪，就連茄子的外型也跟台灣大不同喔！不是長長彎彎的，而是可愛的圓形呢！

　　這道虎皮辣子燒茄子，虎皮辣子既是配角也是主角，由於油炸過後原本青綠的表皮呈現酥黃且皺巴巴的，像極了老虎皮，因而得名「虎皮辣子」。風味獨特，只是自己吃不慣辣，所以對我沒啥吸引力，但伴隨油炸的燒茄子，可就是我平日最喜歡的青菜，而且整道虎皮辣子燒茄子，最後淋上的是糖醋醬料，嚐起來酸酸甜甜的，讓我如秋風掃落葉般地狂嗑了一大半。最有趣的是，一邊嚐鮮一邊把玩新疆茄子，長的肥肥胖胖，若和咱們台灣的茄子擺在一起，一高一矮，一胖一瘦，您說像不像茄子版的七爺與八爺呢。

來自西南絲綢之路──椒麻雞

你一定很疑惑，怎麼椒麻雞會變成新疆菜呢？其實就像是有人說新疆的饢，隨著絲綢之路變成義大利的「比薩」一樣；嚴格追溯起來，「椒麻雞」的純正血統應該屬於雲南菜色。因為地理位置，泰北菜受滇緬影響頗大，雲南與緬甸、老撾、越南接壤，與泰國、柬埔寨、孟加拉、印度相距不遠。而「椒麻雞」，就這麼遊走在滇緬泰邊境。感覺上，這道菜的"麻"與"辣"似乎跟四川菜也脫離不了親戚關係，但豐富的酸與甜，卻又明顯跟泰國菜的特色沾上了邊。我想或許是當年跟著西南絲綢之路而逐漸南移，演變成在無國界狀態引吭高歌的美食，我想也無須追究椒麻雞的身世了！

既然叫「椒‧麻‧雞」，自然就少不了辣椒的辣跟花椒的麻，這種特製的滷雞本身不帶麻辣味，"椒麻"實際上只是隱藏在配套的紅油花椒水裡。雞在上桌前，被廚師用刀切成小塊。雞塊本身並未添任何佐料，油光水滑的雞皮，色澤金黃，但雞塊在花椒水裡打了一個滾兒，便成了"椒麻雞"，搭配著紅艷辣椒的椒麻雞，送進嘴裏，那感覺真是百花齊放，酥脆的麻，還帶著一絲甜，讓人欲罷不能，一塊接一塊。

新疆台塑牛排麵

　　首先呈上的是招牌牛排麵。什麼？牛小排跟麵一塊吃？您沒聽錯！就是牛排加上皮帶麵，而且作法很像咱們台灣的台塑牛排，這帶筋的牛排，咬起來真的很帶勁，最適合在口中慢慢咀嚼，讓香味慢慢散開來，這時如果再來一口皮帶麵，麵香和著殘留在口中的牛肉香味，哇～那真是牛排與麵的最佳組合吃法囉！

　　新疆人的豪邁性格表現在餐飲上，就是樣樣份量十足，完全不怕你吃，只擔心你吃不飽，不但牛排帶骨給得超大塊，就連麵條也是滿滿一碗公。這寬寬的皮帶麵，可是全手工製作，十分講究。廚房裡師傅用手，慢慢一長條一長條的將麵條撕開之後，再丟進滾燙的沸水裡，等煮熟後撈起，將水瀝乾，立刻放入已經燉煮好的牛小排中，大火快炒不到幾分鐘，一盤色香味俱全的牛排麵，即可上桌囉！

　　本打算一口解決，卻沒想到牛小排竟然超帶勁，怎麼咬也咬不斷，超有嚼勁，越嚼越香，越吃越有味道。至於皮帶麵的Q度也不遑多讓，讓我一直很擔心這一大盤美食吃下肚，恐怕到時回台灣得厲行減肥了！

新疆最佳下酒菜—乾鍋魚

　　牛排麵讓我印象深刻，緊接著這道「嗆辣乾鍋魚」，更讓我垂涎三尺，客倌們您瞧瞧淋上的可是滿滿的大蒜辣椒水耶！有點兒像是上海的「水煮魚」，光是用看的口水就快流下來囉！但此際我突然想到，烏魯木齊位於中亞腹地，四面距海有2300公里以上，被稱為世界上離海最遠的城市，而且還是整個亞洲大陸的地理中心點，這魚是打那兒來的？風味又是如何？

　　原來這兒有湖，有水庫，所以想吃啥都有，這魚肉不是海魚，也完全沒有土腥味，定睛一看，裡頭有鯎魚以及黃魚，黃魚的肉又比鯎魚還要再更Q，嚐起來肉質十分結實，像是烹調前按摩過一般哩！加上放了這麼多辣椒、大蒜，但辣度卻很溫和，很適合點一瓶新疆啤酒搭配，當下酒菜，讓我對這道「嗆辣乾鍋魚」豎起大拇指！

新疆第一涼菜─皮辣紅&涼皮子

　　這「皮辣紅」&「涼皮子」號稱新疆第一涼菜，幾乎每一家清真餐廳都有提供，因為不管是吃拌麵、抓飯還是羊肉串，餐後人人都要來上一盤去油解膩，味道吃來清爽可口，不知不覺中胃口又被打開了～

　　這兩道小菜不僅開胃，在視覺上也十分討喜。鮮豔的紅白綠，光是看上去便覺得賞心悅目，入口更是清新爽口。皮辣紅也有人稱老虎菜，是由皮牙子（即洋蔥）、青椒絲和西紅柿（台灣稱蕃茄）各樣食材切絲，佐以少量香菜涼拌而成，風味獨特，且因為新疆人吃羊肉吃的兇，搭配皮辣紅，更有降血脂的功效。

　　至於涼皮子則是許多新疆姑娘的最愛，酸酸辣辣，汁多爽口，因為加入了小黃瓜絲，美容養顏，同樣也是超受歡迎的新疆涼菜！

▲ 左為「椒麻雞」，右上為「皮辣紅」，右下為「涼皮子」。

∽✿❀ 新疆特色名吃—馬森燒烤 ❀✿∽

　　來到雪蓮花清真餐廳，除了單點上述一些大菜之外，千萬別忘了這裡的招牌「馬森燒烤」這道在烏魯木齊摘下首屆"特色名吃"封號的金牌烤牛肉，有股特別的魔力，既滑嫩又有嚼勁，同時強調不含嫩精粉，也不具油脂，甜牛肉汁在我的嘴裡緩慢溶化開來，為了它，一切的辛苦都拋諸九霄雲外。其實在來這家餐廳之前，我早已久仰"馬森燒烤"大名，如今終於吃到傳說中的烤牛肉，讓幾天下來吃太多羊肉，而不斷想念牛肉滋味的我，幾乎快要流下幸福的眼淚！除了馬森燒烤牛肉之外，還有各式各樣的燒烤也很值得推薦喔！

　　先來一串牛骨髓吧！外觀白白嫩嫩的，果然入口即化，簡直就是豆腐的口感嘛，軟嫩滑溜的感覺，讓我又追加了一串。再來則是烤羊肝、烤羊心，以及烤牛肚，這跟我在台灣常吃的豬肝、豬心相比，更加細緻有嚼勁，好吃極了！但接著上了一大串烤辣椒，光看就辣到不行，讓我相當猶豫，沒想到咬一口卻令我訝異地瞪大雙眼，新疆的辣椒雖然有著台灣青椒的味道，但是毫無青椒特殊的刺鼻味，也沒有生澀的口感，因為燒烤處理十分入味，這麼大一個烤辣椒，也是三兩下就清潔溜溜！

　　這裡的燒烤全灑上大量的孜然，這種獨產於中國新疆的特殊香料，運用在肉類的烹調上，孜然與生肉的融合，將肉類的自然香甜，毫無保留地凸顯出來。野性的天然草香，引領著燒烤風味，在這之間還有不太容易被察覺的一點兒清涼滋味，以及舌尖上殘留下的些微刺激感受。總而言之，這就是道地新疆燒烤的風味啊！

越夜越美麗

❧ 新疆的夜生活 ❧

　　不要懷疑，新疆除了大山大水外，也是有精彩夜生活的喔！近年來因都市發展迅速，使烏魯木齊早已躋身先進城市的行列，目前在整個大西北，規模僅略遜於西安市，絕不如你想像般「天蒼蒼野茫茫，風吹草低見牛羊」的一片沙漠景象。去新疆旅遊，若不嫌累的話，晚上不妨逛逛夜市，點幾串烤羊肉，喝喝小酒，或是到KTV續攤。這兒的KTV設備還算新穎，不過大多是內地歌手的曲目，偶有幾首台灣流行歌。要是怕累的人，我建議可以做做足浴，按摩身子，或是欣賞維吾爾《木卡姆》歌舞演出，保證都讓你值回票價！

此為「木卡姆歌舞」正演出維族嫁娶儀式。

　　如果你跟我一樣是個夜貓子的話，那恭喜你，到新疆定能適應良好。因為時差之故，大陸雖然跨越5個時區，但時間卻全部統一，所以不管到那兒，通通還是以北京為準。新疆跟北京實際上差了兩小時，因此所有作息也都往後挪了幾個小時，當地人上午10點上班，下午2點用午飯，然後直至晚上8點才進晚餐。而在夏令時分太陽甚至晚上10點才下山！

　　既然長夜漫漫，到新疆沒有安排一點夜生活，恐怕就有點無聊啦！但是新疆又不若台北，有全天不打烊的誠品書店，半夜還可以去飲茶，還有夜店、KTV可以通宵狂歡。雖然旅行者最好早早回飯店休息，不用把自己搞這麼累，不過吃飽飯逛逛夜市，想必你還是有興趣吧？

▲圖為熱騰騰的燉煮羊大骨！▼羊肉串的中間夾了塊白色肥膏，肥瘦相隔才有豐盈口感！

烏魯木齊—五一夜市嚐鮮去

　　我發現兩岸三地民眾都特愛 "逛夜市"，不消說咱們台灣北中南都有大小夜市，士林夜市更是被票選為中外遊客必訪景點之一，海因我自己也三不五時會逛夜市，而且最喜歡邊走邊吃，才不管有什麼主播形象的顧慮咧！我想逛夜市不啻為最短時間內，嚐遍該地美食的最佳方法。況且凡有夜市之處，絕對不愁美食。你豈能錯過哩？

　　要數新疆最具代表性的夜市，那肯定非烏魯木齊的「五一星光夜市」莫屬，它是中國西北地區最大的夜市，長長的一條3、4百米大直路，入夜後搖身一變為風味美食街，兩旁是幾百個小吃攤，夜夜人聲鼎沸，水洩不通，熱鬧非常。

　　小吃以新疆本地美食為主，如維吾爾族的抓飯、烤包子、羊肉串、烤全羊、羊雜湯，回族的大盤雞、粉湯、麵肺子、椒麻雞等等。另亦有其他省份特色小吃如刀削麵、鐵板烤、砂鍋、煎餅等，十元八塊便能嚐鮮，相當划算。

　　我印象最深刻的就是多年前造訪北京，在長長的「王府井夜市」裡頭，吃盡大小風味美食，最教人念念不忘的，便是一串標榜新疆風味的烤羊肉串，這種以鐵籤串上鮮嫩羊肉，蘸上孜然粉後猛火燒烤，熱氣騰騰，色香味俱全；也成了我在北京的一個美味回憶。沒想到如今竟然有機會嚐到道地的新疆夜市小吃！真是上輩子修來的福氣啊！我最喜歡的便是烤羊肉串了，切成塊狀的羊肉，中間夾著一塊肥膏，烤時不斷撒上辣椒粉、鹽和孜然粉，咬一口這烤肉串，味道微辣，肉質嫩滑無比，肥瘦相隔帶來的豐盈口感與香濃味道，在中國其他地方難以吃到，就算有，感覺總是不到位。而且我發現當地人聚會一吆喝，就是點個十串二十串，相當豪氣！但建議你整條五一夜市逛下來，最好各種美味都來個一份就好，和親友共享，以免肚子馬上就被填飽，失去大啖各式美味的樂趣啦！

　　新疆的夜市，像一種無形的毒癮，叫你一去再去。說穿了，不外乎以下幾個原因：一、經濟實惠，可以當晚餐，當然更是宵夜的最佳

選擇；二、氣氛熱鬧，就算不吃東西，散散步，喝喝飲料也能感受歡樂氣氛；三、各民族風味小吃包羅萬象，目不暇給，一網打盡；四、新疆白晝烈日當空，人人都躲進室內不願外出，晚上天氣稍涼，人們自然外出覓食。五、欣賞帥哥美女，攤販多為少數民族，尤其新疆維吾爾人， 濃眉大眼輪廓深，男的俊女的俏，看著一張張漂亮面孔，賞心悅目，食慾大開，與老闆合照是一定要的啦！

做為遊客，去夜市覓食，更加理所當然，尤其我發現少數民族都愛濃重口味，新疆餐館的飯菜，幾乎稍微偏鹹與稍油，反而，夜市的小吃可能因為迎合中外遊客，口味較淡，更適合台灣人的口味，無怪乎夜夜人聲鼎沸到凌晨2、3點。

新疆的夜市，真的十分普遍，幾乎走到每個大城小鎮，都會見到不同規模的平民美食專區，我觀察新疆人個個都是愛好美食的饕客，怎麼說呢？因為在烏魯木齊國際大巴札旁的肯德基，剛開幕時，居然要排隊整整兩小時才能買到一小塊炸雞，至今生意還是相當火紅。另外，海茵在喀什特別去吃了小肥羊（大陸連鎖店最多的餐廳），前往時都已經晚上九點了，還是高朋滿座，竟得在一旁等上半個鐘頭才有空位呢！據一項調查指出，新疆人民所得，雖然遠遠落後沿海城市，但飲食消費水準，卻意外地高居各大城市排行榜前幾名，像肯德基這種國際速食集團，恐怕也是經過市調才決定設店於此，這兒的業績果然不負所望地，毫不輸給其他大城市，可見新疆人很重吃也很捨得吃！

喀什—夜夜笙歌把酒言歡

　　來到中國最西邊城市──喀什，夜生活雖然沒有台北夜店的華麗絢爛，和震耳欲聾的音樂，但三、五好友喝喝小酒聊聊天，在溫度接近零度的夜裡，氣氛還是一樣的High上天！

　　維族人宵夜吃的相當豐盛，其中自然少不了羊肉串，以及烤羊肉肝、羊骨頭湯等等，另外還有我最愛的用羊大骨熬煮成的香濃丸子麵，這些美味都是配酒的絕佳下酒菜，除了羊肉串之外，在冷到不行的夜晚，一定要試試丸子麵，包你下肚後，渾身熱呼呼喔！

　　丸子麵被當地人暱稱為「噓噓麵」，不曉得是否因為丸子太小，常被客人"噓"，所以才叫"噓噓麵"呢？有別於新疆人平時愛吃寬寬的"皮帶麵"，這"丸子麵"的麵條卻是極細的麵線，在新疆十分罕見。但總歸一句話，丸子麵還真是一道簡單卻美味的絕佳熱身宵夜哩！

　　這兒最別緻的料理就是老闆端上羊骨頭前，會遞給你一根吸管，一

不需太費力，便能吸起軟嫩多汁的羊骨髓。

開始我還摸不著頭緒，想說待會兒還有飲料嗎？搞了半天，原來是要你用吸管直接吸羊骨髓，挖哩咧！維族人的宵夜還真補啊！這款吃法不是咱們台灣媽媽給小孩「轉大人」吃的嗎？半夜還補充那麼多鈣質與熱量？怪不得新疆人似乎再冷，都沒有在怕的啦！

我觀察旁邊幾桌的客人，嗑剩的羊骨頭堆得如座小山般高，維族的老闆驕傲地說，他一天可賣出一～兩百公斤的羊骨頭呢！而且客人常常一坐就是凌晨四.五點，哇～想不到生意那麼好！

大夥兒一邊聊天，左手一邊撕咬羊肉，右手則狂吸羊骨髓，還得不時起身彼此乾杯，每個人臉上微醺的表情，說明了這真是一晚超級high的維族式宵夜！

除了把酒言歡，到新疆也能夜夜笙歌喔，別想歪了，我是說前往KTV飆歌，不要懷疑，這兒的KTV設備還算新穎，雖然沒有台北的電腦點歌方便，曲目也大多以內地歌手演唱的居多，不過也有台灣流行歌，只是不是最新的，但要來一場老歌PK大戰，唱唱懷舊的曲子還是不成問題！怕累的人，不妨做做足浴，按摩身子，或是安排欣賞維吾爾《木卡姆》的華麗歌舞表演！

愛吃羊的新疆人連骨頭也善加利用，熬煮後吸食骨髓！

維吾爾《木卡姆》歌舞表演

　　新疆有歌舞之鄉的美稱，中國及中東之間的音樂交流，維吾爾族可謂佔有重要的地位，漢朝有明載，各國貴族子弟前來中國學習禮樂。西元568年，北周武帝從突厥迎娶皇后，便把西域的樂曲理論帶入中國，「木卡姆」則被稱作維吾爾族的音樂瑰寶！

　　想要了解新疆各少數民族的音樂與舞蹈形式，那絕不能錯過在喀什的「木卡姆」藝術演出，包括維吾爾族的嫁娶儀式，還有以狩獵、出征為背景衍生而來的「刀郎舞」‧‧‧‧‧‧等等，都有精采且華麗的歌舞呈現；就像是到拉斯維加斯看表演秀、到南韓看亂打秀一般，欣賞「維吾爾木卡姆」歌舞表演，也逐漸成為許多遊客晚上必定會安排觀賞的節目。我發現這些在舞台上表演的小姑娘，個個身材高挑，容貌姣好，絕對具有參加國際選美的水準。探問之下，才發現原來這些維族姑娘都是經過嚴格訓練，不論是肢體的柔軟度，或是對於服裝衣飾的要求都頗講究，果然是台上一分鐘，台下十年功啊！

有歌舞之鄉美稱的新疆，姑娘長相標緻，跳起舞來婀娜多姿！

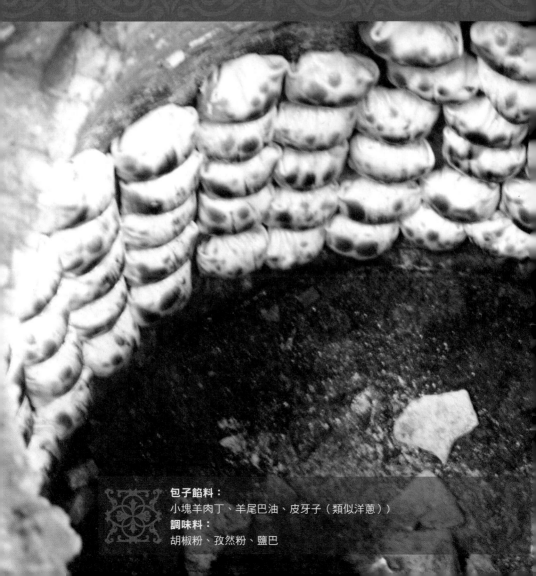

「食味」新疆

非吃不可—烤包子

包子餡料：
小塊羊肉丁、羊尾巴油、皮牙子（類似洋蔥）
調味料：
胡椒粉、孜然粉、鹽巴

物美價廉的烤包子

　　在新疆處處幾乎都可以看到饢坑，裡頭不是在烤饢就是烤包子，不管你是在飯館或是路邊的小攤販，烤包子唾手可得。由於味道鮮美價格又便宜，一個烤包子約合台幣兩元，物美價廉很受當地民眾歡迎，中外遊客也多半會愛上它！新疆烤包子有許多種口味跟變化，外型有圓形、方形，料理方式可用烤的或用蒸的，但唯一不變的是：好吃！可謂是到新疆非吃不可的絕讚美味！

✤❀∾ 圓形烤包子 ∾❀✤

　　烤包子的維族話是「沙木薩」，之所以叫烤包子，我想應該是漢人取的名字吧，因為新疆烤包子跟漢人經常食用的包子很類似，但口感卻完全不同。

　　尤其製作方式也很特別，新疆烤包子是用沒有發酵過的麵皮，內餡包上羊肉丁、羊尾巴油和皮牙子（洋蔥），包好的包子進饢坑烤時，師傅會往饢坑裡不斷灑鹽水，這個動作是讓饢坑裡有帶鹽份的水氣，烤包子就能粘在饢坑上不掉落，大概十幾分鐘後，白白的

麵皮上帶著亮黃色澤的烤包子，就可以拿出饟坑了。

剛剛出爐的烤包子皮黃香脆，嚐起來到底是什麼味道呢？是否像是台灣的大肉包咧？我充滿期待的咬上一大口。天啊！這根本是台灣的胡椒餅嘛！

不管是圓圓厚實的外觀，或是入口時的酥脆，跟胡椒餅幾乎有百分之九十九相像。唯一不像的百分之一是內餡不同。台灣胡椒餅採用的是豬肉餡加黑胡椒，新疆烤包子則是小塊的肥羊肉丁加孜然粉，而且連作法都幾乎一模一樣喔，就是丟進一個大饟坑

裡面悶烤。但是，要特別注意的是，不管兩者有多像，一定要趁熱吃才行。我因為在採訪時也得顧及錄影主持，所以，只咬了一口就必須開口說話，介紹別的食物，沒想到等我回過頭再來品嚐時，在我嘴裡的東西，居然就變成滿口的肥羊油，感覺好像是在吃烤包子配綿羊油哪！

原來，是天氣太冷，包子出爐沒多久就冷掉了。冷掉的包子內餡的羊油凝結成塊，還充斥著羊尾巴的肥油……嗯，就請讀者自己想像一下那味道和感覺吧……

午餐往往一個烤包子加上一碗羊肉湯就解決了～

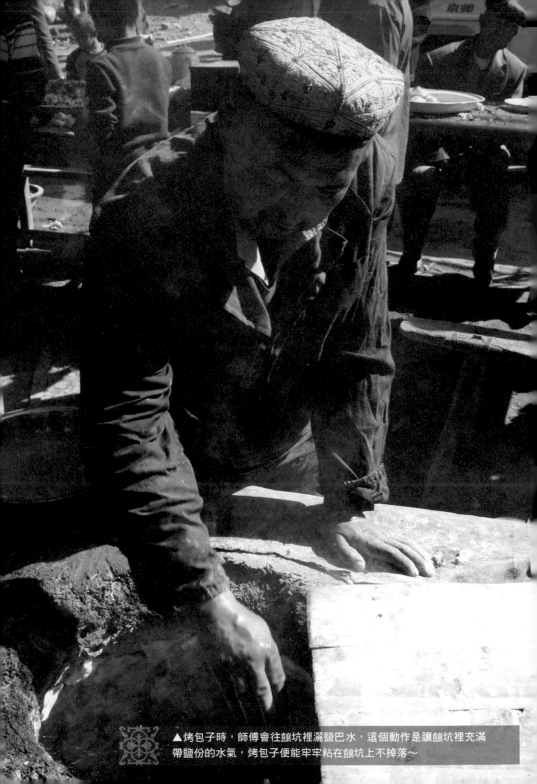

▲烤包子時，師傅會往饢坑裡灑鹽巴水，這個動作是讓饢坑裡充滿帶鹽份的水氣，烤包子便能牢牢粘在饢坑上不掉落～

四方形烤包子

四方型烤包子，顧名思義在外觀上就是包成四方形的模樣，不過相同的是仍用麵皮，內餡包上羊肉丁、羊尾巴油和皮牙子。如果以外表來說，倒比較像是餛飩呢！

四方型烤包子的皮很好吃，脆脆的，有炸餛飩的口感。我是在喀什的巴札裡吃到這款美味。

每一個四方形烤包子體積都小小的，剛好一口一個，咬下去有清脆鏗鏘的聲響，像極了江南美食「炸響鈴」，但，炸響鈴是豆腐皮包絞肉末，炸熟透後沾甜醬吃，有南方細緻的作法，而四方烤包子則充滿新疆北方大漠的豪邁，可說是各有千秋。總之，就是一句話：「讚啦！」

巴札裡的一個烤包子只要賣0.5毛人民幣，大約才台幣兩塊錢而已，雖然便宜又好吃，但我卻難以入口。原來是這幾天嘴饞的結果，吃到上火，嘴巴破了兩個大洞。再加上羊肉實在太補了！而且，這小小的烤包子裡面都是油，瘦肉幾乎看不到。並不是因為瘦肉比較貴，而是加入羊油才香。我想，這邊的人就是吃這個才讓身體不怕冷吧。我怕來一趟新疆會胖五公斤回台，下意識不敢多吃，結果，油吃得太少一直喊冷。為難的是吃多了又上火，還真是矛盾。

▲ 四方形烤包子皮薄餡多，像極了炸響鈴！

新疆美味雖然不少，但身為現代都會人的我們，講求健康的飲食還是挺重要的。來到新疆，建議可以多吃水果。像是葡萄、哈密瓜之類的，既能補充體內的水分又能獲取豐富的纖維與維他命C。

新疆飲食的特點是重油和重鹹。這是因應環境所趨的結果。因為在沙漠型氣候中，需要靠味道強烈的食物來補充一整天的熱量。

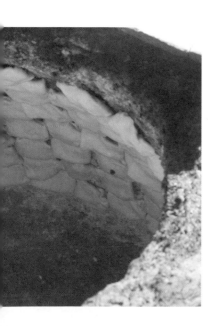

由於食物中含鹽的份量偏多，所以建議可以在當地的超市買一些食用醋來喝，藉以中和體內的酸鹼值。或者，可以喝新疆的茯茶。這種茶能夠去油解膩，喝起來有點像是加了薄荷跟龍角散的味道。不管你喜不喜歡喝茯茶，都記得要多補充水分，不然以新疆這種沙漠氣候，可是很容易脫水中暑的。

⭓❈⭓ 薄皮包子 ⭓❈⭓

　　雖說傳統的烤包子是四方形的，但可能是受到漢族包子的影響，也有做成像小籠包樣子的。不過內餡和味道則沒什麼太大的差別，想不到這新疆包子的變化這麼多，不是只有用饢坑烤這種方式而已，薄皮包子是用蒸籠蒸的，包子皮桿的特薄，吃起來就像

是小籠包也有點像是湯包的滋味。

不過在新疆最HIT的吃法呢，是結合抓飯變成「包子抓飯」！其內餡不僅僅是羊肉而已，還能夠富有多樣的變化。例如，改良過後加了南瓜口味的也很受歡迎。我在烏魯木齊的銀都酒店裡品嘗到的超五星級料理就是「南瓜包子配抓飯」。顧名思義，就是在抓飯上面，放幾個南瓜薄皮包子。吃的時候一口包子一口抓飯，包子裡頭的湯汁混著羊肉抓飯，你無法想像南瓜的甜味和羊肉竟然能如此的合而為一。本來略嫌油膩的羊肉，被南瓜的特殊香氣蓋過了。

此外，包子配抓飯，小麥跟米飯的巧妙搭配，也只有在新疆你才能品嚐得到，這實在是一道令我難以忘懷的美味啊！

▲圖為牲口巴札裡的師傅桿麵皮，準備烤包子～

▲此景堪稱新疆一絕，「對頭交錯」綁羊的方式，讓羊隻乖乖聽話不亂跑，同時也劃分各飼主的領域，讓買賣交易更加順利！

瓜果之鄉的神奇水果
葡萄

瓜果之鄉在新疆

　　新疆素有「瓜果之鄉」的美譽，所盛產的瓜果品種多達上千，稱之為瓜果之鄉絕非浪得虛名。我在新疆一連品嚐了葡萄、哈密瓜、還有石榴等水果，其中哈密瓜的甜度，除了有如摻添蜂蜜般的風味外，更只能以神奇來形容了！

　　起初還未品嚐到瓜果滋味的我，先是在喀什機場眼見人人一台大推車，上頭擺的並非行李，而是一箱箱打包託運的瓜果？怪怪，我心裏不禁滴咕：咱們內地同胞現在果真是發達囉～伴手禮竟是這等誇張的買法，甚至有人為了多帶幾箱石榴或巴旦杏乾果，寧可加碼運費給航空公司賺哩！等到我總算品嚐到瓜果之鄉的神奇水果後，才終於明白箇中原由！要不是水果根本帶不進台灣，我一定會託運個二十大箱返台餽贈親朋好友啦！

　　接下來我就一一介紹葡萄、石榴、哈密瓜等等，吃了會油然而生幸福之感的水果啦！

西域種植葡萄已有兩千多年歷史。張騫出使西域就發現這裡盛產葡萄。
新疆葡萄栽培歷史悠久，品種亦十分豐富。

吃葡萄不吐葡萄皮

　　新疆民謠說：『吐魯番的葡萄，哈密的瓜，庫爾勒的香梨人人誇，葉城的石榴頂呱呱。』道出了新疆有名的四個水果之鄉，但你發現了嗎？這當中可是由吐魯番獨居榜首喔！因此到吐魯番絕對不容錯過的就是葡萄，至於葡萄溝則是最佳產地。吐魯番的葡萄溝隸屬於吐魯番市葡萄鄉，位於吐魯番縣城東北15公里，火焰山西側的一處峽谷中。葡萄溝南北長約8公里，東西寬約500米，海拔300公尺，溝谷狹長平緩。

　　新疆葡萄並非碩大，也不是頂甜，但就是有一種清淡的香甜滋味，吸引著我，因此成為我在新疆每天必吃的水果。因為當地氣候十分乾燥，本想藉此補充一些維他命C，美容養顏嘛！沒想到卻愈吃愈上癮，而且吃葡萄可以不吐葡萄皮，也完全不怕有農藥，我想維族人大概還嫌農藥的成本太高吧！我最喜歡把一大串葡萄放到水龍頭下，把沙塵沖一沖，即可摘下食用，葡萄幾乎已成我的零嘴點心，有時候要錄影暫時無法用餐，就用來止飢，有時搭車無聊也可解饞，甚至還能取代早餐呢！

▲新疆葡萄乾種類繁多，不妨先試吃再選購！

·ⓔⓐⓒⓞ· 甜而不酸葡萄乾 ·ⓞⓒⓐ·

　　由於葡萄無法帶回台灣，因此到新疆的旅客通常都會買葡萄乾來當伴手禮，葡萄乾的味道超甜又不酸，我愛死了，除了買一堆在當地食用之外，更是額外添購二十幾公斤，回台餽贈親朋好友，大家全都讚不絕口哩！

　　不過選購葡萄乾可要睜大眼睛，若你不是自助旅遊的話，可以直接請導遊幫你挑選兼殺價。葡萄乾一般分為上、中、下三種等級。黃色的葡萄乾品質較差，也便宜一些，一公斤約10塊人民幣，這種葡萄乾大多是拿來餵養母羊的；而褐色或紅色的葡萄乾則屬於熱性，可治胃病、糖尿病，按等級分一公斤從30～160元人民幣都有；至於綠色的葡萄乾當地稱為馬奶子，屬涼性，價格就比較貴了，一斤約40塊人民幣。建議可以選購馬奶子，畢竟一分錢一分貨，另外還有一種叫作「索索葡萄」是世界上最小的葡萄，屬藥用食品，可治小兒痲疹並具有滋身補血的功效。

　　新疆販售的葡萄乾種類，多到令人眼花撩亂。不妨先試吃看看再決定是否購買。另外若非在室內商場，而是戶外挑選的話，由於當地風沙甚大，建議食用前最好還是先洗乾淨！

<新疆民謠>

新疆的女兒一枝花
吐魯番的葡萄
哈密的瓜
庫爾勒的香梨人人誇
葉城的石榴頂呱呱

葡萄乾的多用妙途

　　吐魯番葡萄出了名，用途也多，您相信葡萄乾可以入菜嗎？新疆抓飯種類甚多，肉也不侷限用羊肉，還可用雞肉、鵝肉、鴨肉、牛肉等等來做抓飯，甚至不吃葷的人，都可以選用葡萄乾、杏乾等乾果來做的甜抓飯，也叫素抓飯，一樣是美味可口。剛出爐的素抓飯，粒油亮生輝，葡萄乾香氣四溢，從蒸籠裡冒出的白煙，混合素抓飯的甜味，簡直讓我的口水直流，抓飯裡加入葡萄乾，實在是一絕，也抓住了我的胃！

全中國最好喝的葡萄酒

　　不知怎地，在新疆吃葡萄就讓我聯想到王翰的涼州詞：「葡萄美酒夜光杯，欲飲琵琶馬上催。醉臥沙場君莫笑，古來征戰幾人回。」不錯，讓古人上戰場前，寧醉臥沙場的恐怕只有來自新疆的葡萄酒了，新疆乃我國最早種植葡萄的地方，至今已有兩千多年的歷史，至於葡萄的栽培方式以及釀酒技術，則是直到張騫通西域之後，才慢慢由新疆傳至內地。新疆的葡萄因為位處北緯38度，最負盛名。

　　法國知名紅酒區波爾多的一些釀酒師傅，甚至稱吐魯番的葡萄酒，是全中國最好喝的葡萄酒呢。我自己小酌後簡直是驚為天人，跟普通紅酒差別在於飲落肚時，有一種順喉之感，味道濃厚飽滿，不甜不澀，一入口便充滿了整個口腔，重點是這等好酒，價格並不昂貴！若有機會不妨也帶一瓶好酒回台灣吧！

「食味」新疆

水果中的紅寶石——石榴

　　新疆民謠中盛讚：『葉城的石榴頂呱呱。』葉城的所在位置呢，便是位於南疆的喀什。因為日照時間長，晝夜溫差大，使得這裡所栽種生產的石榴自然是風味絕佳。

　　葉城的石榴不僅堪為極品，且因為交通運輸便利之故，於全南疆幾乎都品嚐得到。在台灣你或許也吃過石榴，但因其售價昂貴，所以絕非水果攤商或市井小民的首選，更有甚者從來不知石榴是何滋味哩？因此在新疆見到攤販們成堆成堆叫賣時，實為讓人驚豔不已。

　　紅色石榴個個飽滿誘人，尤其是剝開後，裏頭一粒粒的紅色果粒，顆顆鮮紅欲滴，在陽光照耀下，簡直像極了晶瑩剔透的紅寶石。而它的價錢也是水果中的紅寶石呢；以新疆葡萄來說，一公斤大概3、4塊人民幣，但好一點的石榴一公斤就要20塊呢，折合台幣約八十多元！也因為如此，石榴成了新疆果農獲利很好的經濟作物。我們實際造訪的農家，光種植的石榴樹就有好幾畝，自己都捨不得吃，一問之下，原來是要拿去賣個好價錢。

小販當面將石榴連皮整顆榨成汁，100%原汁原味！

靠石榴致富

　　在南疆部分地區，特色林果業已成為農民脫貧致富的重要途徑。
2003年，喀什地區的林果業產值達6.09億人民幣，農民人均收入多
增加30元，佔地區農民人均收入的20%。而在皮亞勒瑪鄉，透過石
榴致富的有351戶，在全鄉農民人平均1856元的收入中，石榴收入
就高達1026元。

　　除了讓農民致富過好日子，特色果產更儼然成為新疆觀光業收入
的重要來源。外地民眾前往當地旅遊，在離開時幾乎都會帶些水果
回家，而旅行社業者所安排各式各樣的農家樂一日遊，更是成了新
疆旅遊的一大特色。

石榴的由來

　　石榴本稱為「安石榴」，因為當年的西域36國中，其中有兩個小國分別叫做安國與石國，由於石榴乃產於這兩國當中，於是便取名為「安石榴」，後來遂簡稱為石榴。隨後，安國與石國的國王將它進貢給天朝，直到張騫通西域，回國後才把石榴的種子帶回中土，因而流傳進中國。

　　石榴的盛產期大約是每年的九、十月份左右。雖然石榴的外觀大致看來相同，但提醒你，選購時還是有簡單辨別酸甜的方法，像我在一大片果園中隨手摘下的石榴，因為我"以貌取人"，看來碩大鮮紅的石榴，入口後卻讓我酸到皺起眉頭，直到現在回想起來，口中還會分泌唾液呢！原來愈紅愈大的石榴，代表著味道愈酸。反觀外表粗糙，略帶白色的才甘甜，有些特別酸的石榴則是用來入藥，治胃病之用。

　　如同吃西瓜一般，有些人會連籽一併吞下肚，有人則會精挑細選把籽挑出，石榴也是如此。而且與西瓜相比。石榴的果肉跟籽幾乎一樣多，像我這樣嫌麻煩的，就通通咬一咬吞下去。不過提醒你，石榴的籽有治療輕微肚洩的效果，若是到新疆初期有些水土不服，不妨試試石榴籽的神奇功效，但可別像我一樣，拼命吃倒造成便秘的反效果啦！

補血聖品石榴汁

石榴除了直接食用外，還可連皮整顆榨成汁，石榴汁在新疆也頗受歡迎。經常在人潮多的地方市集，聚集一整排的小販。仔細研究榨汁的方式，跟台灣路邊常見，以小貨車當成流動攤販的榨柳丁汁，頗有異曲同工之妙，從未喝過石榴汁的我，當然要來一杯嚐嚐囉！本以為不加糖會很酸，想不到其實很甜並還帶點澀味，我個人覺得挺像蔓越莓加葡萄的口感，但當飲畢時，卻有一種獨特乾澀的風味餘留味蕾。原來是因為連果皮同榨的關係。不管怎麼說，我都已愛上這種原汁原味的味道，況且這深紅色的石榴汁，可是女孩子養顏美容外加補血的最佳聖品呢！

石榴在新疆因價錢昂貴，所以有些不肖店家的石榴汁會故意摻水，或是用較劣等的石榴混合壓汁，賣給不知情的觀光客。這樣做光從果汁顏色難以分辨，所以最好請店家當場榨汁，或是請導遊代找有信譽的店家，千萬不要糊里糊塗就被騙了～

回台灣之後的我，因為想念石榴汁的甜澀滋味，還特別跑去專賣進口商品的量販店，買了一瓶石榴原汁，沒想到除了有點酸外還有一點稀，完全不復我記憶中那般熟悉的口感！

來自新疆的天朝貢品—哈密瓜

　　哈密瓜古稱甜瓜、甘瓜，維吾爾語則為「庫洪」，中國只有新疆和甘肅敦煌一帶盛產哈密瓜。西元1228年，《長春真人西遊記》頭一次提到在新疆有這種瓜；稱讚「甘瓜如枕許，其香味蓋中國未也」。17世紀開始，哈密瓜被列為新疆貢品。清《回疆嗽》：「自康熙，哈益投誠，此瓜始人貢，謂之哈蜜蜂瓜」。

　　話說當年，康熙初次品嚐哈密瓜讚不絕口，便問侍者此瓜何來？侍者只知瓜由哈密王進貢，便信口胡扯「哈密瓜」，因而得名。

　　其實，早年的哈密瓜並非產自哈密（哈密位於新疆東部，乃是新疆通往中原地區的門戶），而是來自哈密附近的鄯善，不過因侍者一時口快，從此哈密就被視為哈密瓜之鄉。今日至哈密市內走一遭，不難見到以哈密瓜為題的雕塑擺設，藉此吸引遊客。

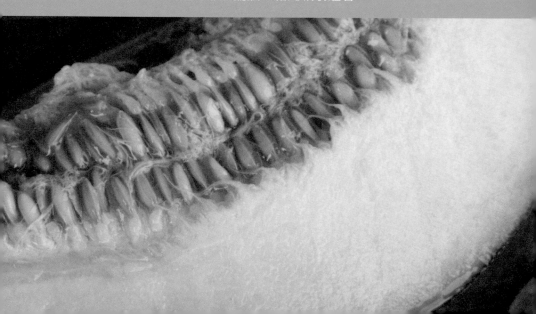

甜而不膩蜂蜜瓜

新疆除少數高寒地帶之外，大部分地區均產哈密瓜，上選的哈密瓜產於南疆師縣、哈密和吐魯番盆地；石河子一帶也有優質的哈密瓜。其品種甚多，幾近180種。瓜的大小、形狀、肉色千差萬別，大的有如炮彈，重十幾公斤；小的近似椰子，重不足一斤。瓜的外形多為橢圓，扁圓的表皮有黃、綠、褐、白等，皮上附有各種紋路。肉色分為乳白、黃、橘紅及碧綠；此外，又有早熟夏瓜和晚熟冬瓜之分；新疆本地人家藏的冬瓜可放到來年春天，仍然新鮮可食用。

在新疆哈密瓜統稱為甜瓜，像我品嚐到的甜瓜就叫"老漢瓜"，為喀什地區獨有，因為產量少，所以在其它地方很難吃到，輕輕咬一口，口中瞬間充滿香甜的汁液，而且甜而不膩，像是加了蜂蜜一般卻又十分爽口。我發誓，那絕對是我這輩子嚐過最好吃的哈密瓜。我自知回台灣後可能再也無法吃到，所以餓虎撲羊般一連啃了好幾片，可說是完全不顧形象，沒想到我才吃完一轉頭，發現連工作人員都受不了，左手拿一片哈密瓜拍攝，右手卻自顧自地偷吃起來，害我笑到彎腰，忍不住開玩笑地說：「大家敬業一點好不好？拍就拍嘛，還偷吃東西！」可見這瓜有多誘人囉～既然大家都超愛吃，於是我們又掏錢再買一顆帶回旅館。

其實台灣的哈密瓜味道也不錯，只是我家人大多選購一般等級，我總愛吃哈密瓜果肉中間較甜的部份，接近皮的果肉因為無味，我老是不吃而被罵浪費。記得有一回在某家高檔日本料理店，餐後嚐到超昂貴的進口哈密瓜，那種哈密瓜表皮呈淡綠色，上頭帶點淺灰色紋路，果肉是碧綠色略顯透明，在一些百貨公司的貴婦超市裡有陳列販售，據說一顆要價好幾百塊錢。我對日本哈密瓜印象最深刻之處，就是接近果皮部份也同中央果肉一樣香甜飽滿，當時我連皮都啃得一乾二淨，真是美味爽口。不過新疆的哈密瓜卻是讓我根本來不及啃淨，因為假如不吃快一點的話，一下子就會被大夥兒搶光光，根本無法享受一片接一片的快感。

朝穿皮襖午穿紗，抱著火爐吃西瓜

　　我觀察新疆人特愛水果，不管是販售哈密瓜還是石榴的小販，生意皆十分興隆。新疆人常豪邁地在大街上，手執一片哈密瓜，或蹲或站地就埋頭啃了起來，不顧一切地吃得滿嘴汁甜。路旁攤販丟棄的果皮堆成一座小山般高，居然也成了當地的一大奇景。

　　在新疆因日夜溫差大，故有「朝穿皮襖午穿紗，抱著火爐吃西瓜」的俗諺。意思便是早上起床要披皮襖，中午則著薄紗就行，雖然冷到得窩在爐邊取暖，還是會讓你忍不住吃顆西瓜來生津解渴。

　　正因為新疆晝夜溫差大，乾旱少雨，日照時間長，因此讓它成為中國著名的瓜果之鄉：葡萄、哈密瓜、蘋果、石榴、杏、蟠桃、李、無花果、桑子…一年四季鮮果不絕。得天獨厚的哈密瓜，因為生長時間較其他地方長，所以糖分自然也高。不幸的是，當我嚐過新疆哈密瓜後，曾經滄海難為水，恐怕再難以回頭吃台灣或日本的哈蜜瓜了！

◀ 好吃到我連啃掉兩片哈密瓜！ ▲ 市場裡販售哈密瓜的小販生意超好！

風味茶飲

酥油奶茶

來到新疆怎可以不喝酥油奶茶呢？否則不是白來了嘛！

不過當一口吞入喉，才察覺竟是鹹的咧～怪怪，我的味蕾是不是被駱駝奶搞壞了啊？一問之下，才發現沒錯啦！酥油奶茶真的是鹹的，很特別吧！原來我被既有的思維模式框住了，以為奶茶就是甜的，但是不管甜或鹹，味道其實都差不多，都是有很濃郁的奶香味，只是酥油奶茶加的是鹽巴而已！

新疆俗諺：「寧可三日無食,不可一日無茶。」可見酥油奶茶之重要性！

酥油奶茶其實是哈薩克族人平日每天早上一定要喝的飲料，也可以說是食物，因為它可生津解渴，最重要還可以暖胃。哈薩克人在一大早出門放牧之前，都一定會喝上這一大碗的奶茶，除了讓身體維持一整天的熱量之外，最重要的是可以驅寒，禦冷！

另外酥油奶茶在製作的過程當中也很特別，一般是使用磚茶，跟牛奶攪和在一起煮，煮到非常濃稠，味道也很香郁時，奶茶表面便會浮上一層薄膜，因為是全脂牛奶，因此這層薄膜也可以說是非常具有營養價值喔！怪不得能維持牧民一整天的熱量！

「食味」新疆

新疆第一酸味

駱駝奶&馬奶

所謂的新疆第一酸味到底是什麼樣的滋味呢？讓大夥兒閃的閃，逃的逃，也幾乎讓我吐到虛脫呢？馬上為您揭開哈薩克族的最愛，食補養生的神秘奶味～

若是封「馬奶」&「駱駝奶」為新疆第一酸味，絕對是所言不虛，名副其實。平日小女子我就超害怕那種發酵過的酸味，不要說酸奶我絕對不碰，連原味優格我都不太敢吃，這回居然一連要我喝兩種酸到頭皮發麻的馬奶與駱駝奶，讓我頓時萌生買張機票迅速飛返台灣的念頭～

▲前者為馬奶，泡沫較多的為駱駝奶。

　　但是本著敬業的精神，我們一票人還是來到這一家哈薩克奶茶專賣店，顧名思義，就是哈薩克族人平日吃的食物。櫥窗上寫著販售馬奶、駱駝奶、煙熏馬肉、馬腸，都是我這輩子從未吃過的東西。而整車送來的新鮮馬奶，到底跟我們常喝的牛奶有何不同呢？我鼓起勇氣啜飲了一小口，直覺得酸透了，馬奶才喝一口就反胃，而駱駝奶更是讓我不敢領教，簡直是酸到骨子裏去了，不僅教人頭皮發麻，更像有人拿幾百根針同時扎你的感覺！

　　發酵過的駱駝奶那酸勁啊，可不是一般人受得了的，即使是帶領我們，從小就在新疆成長的漢族導遊，對駱駝奶的滋味還是敬謝不敏。她也告訴我們，駱駝奶、馬奶就連當地的漢族也極少喝，因為實在是不習慣啊～

　　不過如同榴槤的味道一般，有的人討厭，可就是有人愛的不得了。一位擁有蒙古血統的晏明大哥，就是能飲畢整杯駱駝奶的豪邁之士。看我們這票台灣人閃得閃，逃的逃，便為我們說明駱駝奶的功效。其實馬奶和駱駝奶對牧民來說，都是非常珍貴的食物，由於馬奶和駱駝奶只有在動物產下Baby之後才有，因此價格相對來說，也比羊奶和牛奶貴一些。即便如此，我依舊是無福消受，所幸大夥兒是早餐時刻前往，腸胃裡還是空的，否則剛吃下的恐怕都要吐出來了，還是趕緊多點幾道哈薩克族人的食物來填飽肚子吧！

照片背景為喀什老城區，亦為喀喇汗王朝的遺址。

新疆露天動物園

中國最大的趕集市場

　　「巴札」在維吾爾語中是「市場」的意思，因此牲口巴札顧名思義，就是進行牲畜交易的市場，特別的是這裡只有禮拜天才開張趕集，所以千萬不要安排平日前往，以免撲了個空。

　　我永遠記得自己進入巴札時的氣味與景象──滿天黃土沙塵，各種動物糞便與尿騷味摻雜齊聚，到處車水馬龍、人山人海。說真的，對從小在都市中生長的我而言，著實是一大震撼。這裡最高紀錄曾容納來自新疆四面八方，達十萬名之譜的趕集人潮。人車雜沓，尚不包括牲口，號稱是全中國最大的趕集市場，不難想見裡頭的交易有多熱絡了！

▲「我有一隻小毛驢從來也不騎，有一天我心血來潮騎著去趕集！」跟著海茵一塊兒進入巴札大開眼界吧！

風吹草低剪羊毛

　　顧不得塵土飛揚，百味雜陳，我好不容易鑽了進去，我的媽啊！成千上萬頭不同種類的牲畜在此進行交易，這哪是什麼喀什的牲口巴札，根本是新疆最大的露天動物園嘛！家中養有兩隻寶貝狗，超喜愛動物的我，簡直像瘋了似的，開始夢想退休後有一塊地，過著自給自足的優閒生活，就像是現場賣羊的維族男人一般！

　　來到這兒豈能入寶山空手而回呢？我挽起袖子，勢必要好好把這個巴札仔細研究研究，光是看到一整排，整齊對綁著的羊咩咩，就已經讓我忍不住尖叫了出來！只能用劉姥姥逛大觀園、嘆為觀止來形容！

　　遠遠的我發現一個維族小男孩，正蹲在地上替綿羊剪毛，修剪得非常仔細，我高興地上前也想來試試剪羊毛的滋味，但問後才得知，這可是跟咱們台灣清境農場或澳洲的剪羊毛秀不太一樣喔！意思就是並非表演給觀光客看，是要做生意的啦！羊的毛在剃掉之後，在運送過程當中除了可減輕重量之外，最重要的就是能夠用目測的方式，一目了然清楚知道這羊，到底是肥？還是瘦？影響到的是羊隻在巴札中的交易價格，原來如此～那我還是趕快把剪刀交還給維族小弟弟好了，看樣子這個工作絕對不好做，想必待會我害他得要重新修剪一次了！

寵物羊的第六感生死戀

　　不過剪完綿羊毛我還不過癮，那就來試試抱一隻小山羊拍照吧！好可愛喔～我本來以為山羊很重，沒想到一、二、三順勢就抱起來了，而且大小重量都像極了抱狗哩！！一旁的維族老闆還開玩笑問我想不想買一隻羊啊？他可以算我便宜一點，我告訴他：對不起！我不想吃牠，只想帶一隻回台灣當寵物飼養～老闆聽了哈哈大笑！旁邊的維族人似乎從沒看過有人把羊當寵物抱在懷裡的，大夥兒圍了過來也都笑成一團。不過這一隻小山羊似乎非常不想跟我走，牠竟然用角頂我！這也就算了，還拿牠身上的跳蚤當武器，害我整個胸前腹部慘遭跳蚤攻擊，在肚臍周圍的紅疹簡直像北斗七星一般排列，數一數竟有多達13個隆起的小包包！害我癢得超難受，甚至抓破皮流血，到現在都回台灣了，一面寫稿，翻一翻肚皮，疤痕還依晰可見呢～

　　好啦！我決定不理山羊了！繼續往前走，發現一整排的綿羊屁屁，這回不只是我，連工作人員都瘋了，說好要一起來摸摸這ㄅㄨㄞ ㄅㄨㄞ的羊屁股，不過我發現綿羊的LP更是巨大到可觀喔！大夥兒起鬨說要一起幫羊按摩屁屁，讓牠等一下交易價格更好一點。ㄟ～仔細端詳羊的表情，好像還真的很舒服的樣子哩，我們的編導此時居然還當起配音，哼起電影《第六感生死戀》的主題曲：oh~ my love, my darling………這一唱，連攝影都笑到肚子疼，拍不下去了…

五百元換一頭羊

　　好了好了，別再玩了！要繼續我的考察工作才行～到底牲口巴札裡的各種牲畜交易情形如何呢？一般而言，因為羊是新疆人的主食，也最多人飼養，價格自然較低，一頭大概四、五百塊人民幣，折合台幣約為兩千元左右，但是牛隻就貴囉！因為從毛皮、牛肉、牛骨、牛奶、耕種⋯⋯等等高度經濟價值，一頭起碼要價七、八千塊人民幣之譜，約合台幣三萬元上下，不過在新疆，羊隻其實有非常多的利用價值，一隻羊才賣台幣兩千塊錢，真否有這麼便宜？

　　此時我剛好目擊一樁交易完成，老闆是一名哈薩克青年，看到他手上剛剛接過一把鈔票，我好奇地詢問：我可以數一數他賺了多少錢嗎？年輕老闆也很大方，反正我一看就是可愛的漢族小姑娘，不可能搶他的錢，故意炫耀地遞一疊鈔票給我，我點數看看，一百、兩百、三百、四百、五百，520元！真的驗證一隻羊在這兒差不多以台幣兩千上下成交。哇！這隻羊還挺肥的嘛～竟然可以賣到五百二，我一邊將人民幣遞還給他，一邊拍著他的肩道賀：恭喜你啦！今天可賺到囉！我瞧這老兄笑得賊賊的，想必利潤應該很不錯吧？！

正在談交易的買賣雙方，同時也不忘餵食羊群～

駱駝驚魂記

　　沿路走來，我發現在這個牲口巴札裡，有乳牛、犛牛、山羊、綿羊、驢子、甚至還有駱駝呢！原來這並不稀奇，在新疆，駱駝主要是當作運輸工具，比方有一些少數民族，是逐水草而居，舉家遷移的時候，駱駝就派上很大的用場了，因為新疆奇異地貌的因素，有些地形根本無法使用車輛，駱駝既載重，又耐乾旱，不用說自然是新疆少數民族必備的牲口！但是這麼重要的駱駝！或許是因為經濟價值不如牛隻，所以大約一頭四、五千元人民幣就可以帶回家了！

　　不過難得看到駱駝的我，因為覺得頗稀奇就一個箭步，上前要跟牠拍照沒想到惹得牠老大不高興，竟然扭擺起來，朝我猛噴口水，把我嚇得花容失色，尖叫著落荒而逃，咱們攝影也因為聽說駱駝生氣起來不得了，加上口水超臭，為了保護機器他也快閃，結果沒記錄下這驚險一瞬間！不過被駱駝噴到口水的我，已在手腕上留下咖啡色的水漬，還真有點像大便的顏色，看來得回去洗兩次澡了！

　　老實說，喀什的牲口巴札真的是我對新疆印象最深刻的地方之一，我們的導遊趙立中先生也說，他每次帶團行程結束後，會做民調，問問團員對景點的反應，票選前幾名永遠是台灣人未曾親身體驗的有趣巴札，也因此讓這兒成為許多老外的最愛。我就曾目睹好幾個背包客，胸前掛著一台相機，東拍拍西瞧瞧，常常可以在這裡就待上個一整天呢！喀什的牲口巴札讓我大開眼界，也推薦你到新疆絕對要安排一天前往體驗喔！

「賞味」新疆

神祕的新疆古都

喀什老城旅遊風景區

　　「喀什」曾是古西域三十六國之一，疏勒國的國都。公元10世紀，喀喇汗王朝在此建造了一座宮城，中國的歷代朝廷均曾派重兵駐守，即使歷經了數百年，老城區的保存依舊完整，因而被稱為是喀什的活民俗博物館，同時也是目前中國境內唯一一處保存完整，以伊斯蘭文化為特色的迷宮式城市。

喀喇汗王朝遺留的土樓，像極《霍爾的移動城堡》，彷彿能穿越時空！

▲走在一千零一夜故事中的國度，新疆最後古都即將神秘重現？

一度輝煌的喀喇汗王朝

喀什老城區地處城北高崖之上。

佔地面積約兩平方公里的範圍內，居住著約兩千多戶，共一萬人的維吾爾族，這裡處處充滿濃濃的中世紀遺風，當我一踏進老城區，頓時有種時間錯置的恍惚之感，彷彿闖入時光隧道。早年在課本上讀到的歷史場景，居然真實的出現在我眼前，雖然如今只剩下斑駁不堪的泥土城牆，但在陽光刷洗下，璀璨金黃的色澤，依舊能夠遙想當年的輝煌與繁榮，這裡的維族居民恐怕不曉得，他們所處的客廳，極有可能是當年的王宮大殿，而他們的臥室說不定還是喀喇汗國王嬪妃們起居的後宮呢。

充滿神秘色彩的老城區

　　我的思緒完全陷入時光的漩渦，四處走動的人們，彷彿成為中世紀的子民，唯一能將我拉回現實的，是撲鼻而來的奶香味，沿著香味前去，發現路旁一戶人家正在烘烤饢餅。維族大嬸親切地對我露出微笑，一旁穿著開襠褲的孩子則好奇地望著我。那是一個充滿陽光的暖和上午，但冬日的北風依舊冷冽，用過早餐的我雖不餓，然而在這樣的氛圍下，卻有股經過咖啡店想帶走一杯咖啡的心情，於是自己便買了一張剛出爐的大饢餅，掰開餅皮瞬間散出的熱氣，與冷空氣接觸產生的白霧，混揉了口中溢出的奶香味，簡直是我這輩子吃過最好吃的餅了！

　　吃飽後我繼續踏上旅程，喀什老城區裡的矮房土樓，全是用泥巴跟楊木所建築起來的，楊木在去枝後不加刨削加工，就這樣以一種金黃的顏色支撐屋頂、閣樓跟陽台，以泥築牆、以泥塗頂、以泥抹地，全是泥土的顏色，氣息跟味道，在這兒每一棟土樓建築都極具特色，遊走其間彷如置身義大利山城，有些建築甚至像極了《霍爾的移動城堡》，土牆上一道道風痕，吐露歲月的痕跡，蜿蜒崎嶇的巷道，讓人難以分辨歷史與現實，陽光斜映在錯落的古樓，讓老城區顯得更加寧靜古老而神秘。

天真無邪的維族孩童

　　此時有一群孩子圍了過來向我打招呼：「哈囉！Hello！」
原來維族的孩子每日見到絡繹不絕的中外遊客早已習慣，雖然他們平
常慣說維族語，但天真又不怕生的孩子竟然會主動以英文向遊客打招
呼，甚至還會對著鏡頭擺POSE！

　　我在老城區裡東逛西瞧，遇到的小朋友都不怕生，有少數還會主動伸手要錢，大概是觀光客給小費日久所養成的習慣，通常在他們拍完照後，你可以給一些小零食、餅乾，或是像我們從台灣帶來的鉛筆等文具送給他們，若是什麼都沒帶，給點銅板也無妨，其實單純的小朋友光是看你替他拍的數位影像，就很開心了！我在這兒跟這些天真可愛的維族孩童留下了許多充滿回憶的照片～其中有對小兄妹，還帶我爬上他們家屋頂取景拍攝呢！

　　這裡的維族居民熱情友善，因應遊客需求，多半家庭都有販售一些手工藝品，比方說維族的服裝，鮮豔的絲巾，繽紛的擺飾，小風鈴以及自製的小點心龍鬚糖等等，還有人家中設有土窯，燒製一些維族傳統的陶藝品，像是家庭用品之類的，藉此增加外快收入。

穿梭古城秘巷不迷路

　　城內共有12處重點文物保護單位，分散在兩千年歷史的古街老巷中，讓這裡形成了一股獨特的文化氛圍。小巷崎嶇蜿蜒，土屋櫛比參差，所謂的"過街樓"、"街樓"、"懸空樓"豎立在每條古道小巷當中，但不用擔心會迷路，因為地面上鋪設的地磚明顯不同，小巷子就是一般的四角方磚，甚至某些巷弄根本只有泥巴路，所以你只需沿著鋪設六角方磚的大道走，便絕對可以找到出口。

胡楊木
—生而不倒一千年，倒而不死一千年，
　死而不朽一千年

　　在新疆最常見的便是胡楊樹，有許多人喜歡它那種略帶滄桑的姿態，因為生長在乾枯的沙漠中，具堅韌的生命力而又被稱為英雄樹，在維吾爾語中代表的意思是「最美麗的樹」。所分泌的「胡楊鹼」就是俗稱的「胡楊淚」，含有碳酸氫鈉的成分，當地婦女則用來洗衣服。

　　塔里木的胡楊林公園，位於輪台縣東南沙漠公路70公里處，總面積約100平方公里，集自然、胡楊景觀、沙漠景觀、石油工業景觀為一體。由一條約17公里長，彎道近126處之多的景區道路進入，沿途可欣賞到不同季節不同形態，最原始的古老胡楊林。湖邊生長著非常茂盛的胡楊，秋天時節金黃一片，倒映在水中十分美麗。

　　新疆人說，胡楊木活著，能三千年不死，死後三千年不倒，倒下三千年不爛。胡楊木耐鹽鹼、耐旱、抗沙埋，具有很強的防風、固沙能力，在沙漠區裡甚至吹起8級以上的大風，活的胡楊木很少被刮倒，可以說是乾旱沙漠區，鹽鹼地中造林的好樹種。

賞味新疆─神祕的新疆古都

「賞味」新疆

新疆史上最國色天"香"

照片背景為新疆喀什香妃墓。

❧ 香妃墓 ❧

先前我曾提到"新疆的女兒一枝花，維吾爾族姑娘水噹噹"，我親眼所及，從小女孩到亭亭玉立的少女，個個輪廓深遂，濃眉大眼，就連生過孩子稍為發福的維族大嬸，也都風韻猶存，不要說男人想一親芳澤，就連我都忍不住一直盯著這些老小美女瞧，不斷要求與她們合照哩！

維族人因為信奉伊斯蘭教，加上觀念保守，絕少異族通姻，偶爾也有漢人迎娶維族姑娘，但必經一番辛苦的家庭革命，方能修成正果！維族姑娘究竟有多美若天仙呢？歷史上受寵於乾隆皇帝的香妃，堪稱新疆史上最美的女人，生得沉魚落雁、國色天"香"。體香讓乾隆對她意亂情迷，無法自拔，可說是極少數外銷得幸的維族姑娘，最終目的當然還是因為政治聯姻～

如今靠著高科技，讓我們得以一窺香妃的真面目。聰明的香妃除了有姣好容貌外，還有一招讓男人臣服的技巧，令她得以打敗後宮三千佳麗。即使從未為乾隆產下一兒半女，卻在宮中長年享有特殊禮遇，到底秘訣為何？就讓海茵帶您前往喀什的香妃墓去尋找答案吧！

二百年前的傳說美人

　　能把乾隆皇帝迷得神魂顛倒的香妃，長得究竟如何傾城傾國？中國刑警學院首席教授趙成文，利用一張在河北遵化清東陵所發現的香妃遺骨照片，進行了科學還原，完整再現已經去世二百多年的香妃容貌。

　　根據大陸華商晨報的報導，歷史上香妃確有其人，她是新疆貴族之女，生於一七三四年，一七五三年十九歲入宮，受寵於乾隆皇帝。也是清朝歷史上惟一一位維吾爾族后妃，她在歷史上的正式封號為「容妃」。一七八八年香妃去世，得年五十四歲。在民間傳說中，她因為天生異香，被稱為「香妃」。

　　香妃墓曾多次遭盜，只剩頭骨、一部分肢骨和陪葬物品。一九七九年，當地文物保護部門決定對香妃墓進行清理勘察，趙成文依據的就是這次發掘出來的香妃頭骨。

　　當年親手捧出香妃頭骨的徐廣源，現年六十一歲，滿族，是河北遵化清東陵守陵人後代。他回憶當初捧出香妃頭骨時，當時墓園已經進了

水，用水泵抽了半天，還有一層很深的泥漿，工作人員得在地下鋪著一層木板才能進去。進去後，發現墓早遭盜掘，棺材也被移動，遺骨弄得亂七八糟；他用手在泥漿裡翻找，找到一個硬東西，用鐵鍬扒過來，一看便是頭骨。徐廣源說，香妃的最後遺物就是一個頭骨、一些肢骨、一條將近一公尺長的花白頭髮的髮辮。頭骨灌上水泥，一直放在庫房裡，鑰匙在他手裡放了廿多年。趙成文透過頭骨照片，復原了香妃的容貌，徐廣源認為可信度應該很高。

他說，幾幅流傳的香妃畫像如旗裝像、戎裝像，均無歷史依據。當初在香妃墓裡，確實有一幅畫像，但在清朝被一個守陵官給偷走了。趙成文還原香妃容貌的第一步，是根據刑事相貌學之原理，用十九條標線，確定香妃頭骨的五官位置、大小。第二步，按照人體解剖學、法醫人類學原理，從人像模擬組合系統中找到相匹配的五官；第三步，結合人物的身分和文化背景進行修改，終於一位高鼻深目、膚白如雪的古代美女呈現在電腦螢幕上。

香妃墓外觀精美華麗，顯現維吾爾民族建築工藝特色！

帝王與美人的愛情故事

　　關於香妃的傳說眾說紛紜，那麼，歷史上真正的香妃究竟為何呢？以現在一般公認的觀點，香妃就是文獻記載中的容妃，他是新疆伊斯蘭教和卓家族的後裔。乾隆二十三年，和卓家族中的一支發動叛亂，香妃的叔叔及兄長配合清軍平定叛亂。次年，香妃便隨兄長進京入宮，並被封為「和貴人」，在宮中的身份列為主位。從香妃的經歷來看，她無疑是乾隆非常寵愛的一名妃子。

　　傳說中香妃是被太后賜死的，但史實上並非如此，乾隆二十六年底，香妃奉太后之命，由貴人晉升為嬪，三十三年又由嬪晉升為妃，稱為容妃。太后於乾隆四十二年去世，香妃死於乾隆五十三年，因此香妃當然不會是太后賜死的。由於乾隆後期不設皇后，香妃在諸妃中位居第三，地位算是甚高。

　　香妃在宮中享有特殊待遇，乾隆皇帝特別注意照顧她的民族習慣，比方說特准香妃在宮中長期穿著維吾爾族服裝，保持維族飲食習慣，宮中還專設了維族的廚役，以配合她的特殊飲食需求。每逢賞賜，香妃得到的哈密瓜一類的西北貢品也較一般妃嬪為多。乾隆三十年春，香妃以嬪的身份與皇后等隨同乾隆下江南，遊歷了蘇杭等地，一路上她所得的賞賜，均為清真食品與伊斯蘭教習俗的物品。除了這次隨駕南巡外，香妃還多次隨乾隆出巡，乾隆三十六年，隨駕東巡，遊歷泰山曲阜；四十三年七月，隨駕赴盛京，曾到瀋陽故宮等處。拜謁過清太祖努爾哈赤之陵。從出巡記錄來看，香妃地位不斷提高，所得賞賜也不斷增加。頻繁的隨駕出巡，充分說明她深得乾隆皇帝的寵愛。

　　歷史考證香妃實際活到約五十四歲，現在人們已經找到她四十歲千秋、五十歲千秋時，宮中賞給她的大量物品之記錄。乾隆五十三年四月，香妃病死於宮中，出土的花白髮辮也說明她的年齡。

香妃深獲寵幸之秘

　　如今在新疆喀什的「香妃墓」遠近馳名，有一說香妃葬於河北遵化清東陵，但新疆人認定香妃就是葬在喀什，如今已被列為全國重點文物保護單位，入內參觀得付門票人民幣三十元。大型的合葬墓內葬有香妃的五代親人共七十二人，最上方有兩口方形綠色棺木，便是當年運送香妃和她哥哥屍體回喀什的靈轎。解說員一邊指著棺木說明，不斷強調死者為大，千萬不可以拍照造次，因此我只好站在香妃墓外頭拍一張照片留念。仔細瞧瞧，這座墓園建造得十分精美壯觀，充分顯示出維吾爾民族建築工藝的特色！

　　拍完照我忍不住詢問解說員，香妃是否真有天生異香？有一民間傳說，認為香妃的體香應該是狐臭，但我想若香妃真有狐臭，乾隆應會敬而遠之，怎可能寵幸她一輩子哩？解說員回答說：「沒錯，但香妃並非真的身有異香。」接著便遙指香妃墓旁種植的一整排沙棗樹。根據維吾爾族的民間傳說，認為香妃是新疆喀什的貴族，一生下來父母便用沙棗花泡過的水為她梳洗，因此身體才散發異香。香妃在宮中經常哭說想念

老家的沙棗花，可能就是希望利用沙棗花散發的特殊香氣，牢牢抓住乾隆，藉氣味使皇帝臣服。果真香妃入宮沒多久便開始撒嬌，她說她的家鄉有一種樹，花是金的，葉是銀的，樹是鐵的，她要在宮裡也天天能看到這種樹。其實她指的就是沙棗樹。乾隆皇帝不敢怠慢，便下旨從南疆進貢這種樹。兩年之後，喀什噶爾河畔的沙棗樹終於在北京扎了根。

香妃在宮中備受寵愛地生活了28年，除了沙棗樹、哈密瓜等等，她還將維吾爾音樂《木卡姆》和舞蹈《賽乃姆》輸入中原，對西域與中原音樂舞蹈藝術的融合，起了一定的促進作用，也為滿漢和西域少數民族之間的搭起了橋梁。

但我好奇這28年來，香妃與乾隆難道全無子嗣嗎？解說員指著沙棗樹，說香妃雖利用沙棗花散發的麝香味迷倒了乾隆，卻也因為長年在小腹上擺設沙棗花，而導致不孕，因此從未替乾隆產下一兒半女！唉～真的好可惜啊！相信以香妃的美貌，所生小孩肯定是男的帥，女的美，又或許歷史上會出現有維族血統的皇帝哩？

我的腦中不斷幻想著香妃與乾隆的愛情故事，我倚著沙棗樹，此際夕陽正斜斜的映照在香妃墓上，空氣中彷彿飄蕩著一絲沙棗花的淡香～

▼香妃墓一旁是維族民眾的墓地，他們不像漢人有立墓碑的傳統！

正在放牧的青年見到鏡頭，熱情與我們打招呼！

在新疆經常見到成群的羊兒過馬路，此時只得耐心等候了～

「賞味」新疆

尋找維族的天仙妹妹

新疆除了有「瓜果之鄉」及「歌舞之鄉」美名之外，我個人認為應該還要再加上「美女之鄉」才對！我親眼所及，維族人幾乎個個濃眉大眼，輪廓深邃，不要說美女如雲，就連帥哥也是滿街跑，尤其男士們均習慣蓄鬚，展現一種豪邁性格的帥氣，讓海茵是看得心花怒放哩！

新疆美人舞—胡旋舞

　　2005年8月，一個平凡的羌族妹子──爾瑪依娜，因照片被登上網路，透過媒體的力量，改變了她的命運。經紀人的成功操作，讓天仙妹妹連續主演了數部連續劇，並為某知名品牌代言。這項成功的包裝個案，一度成為娛樂圈的佳話。當時我還記得播報這則新聞時，男同事們對天仙妹妹也是一陣品頭論足；有人認為她純真可愛，也有人說論姿色還談不上天仙。姑且不論容貌，整件事證明，人要衣裝，佛要金裝，明星需要包裝！

　　我想要是在新疆維族裡另找一位天仙妹妹應該不難吧？維族姑娘不僅天生就是美人胚子，從小習舞也讓她們身段婀娜多姿，所學舞蹈叫做「胡旋舞」，源自古西域36國中的龜茲，亦即今日的庫車。「胡」這個字表明來處為西域，至於“旋”，就是不斷的旋轉身子，瞧辮子跟長裙，都隨著身體轉動而飛揚起來，真是讓人賞心悅目啊！

新疆18趣—兵團姑娘不對外

　　雖然維族姑娘如此動人，不過漢族男人欲一親芳澤可就難囉！在新疆18趣的俗諺中便表明「兵團姑娘不對外」，充分顯示觀念保守的少數民族，絕少異族通婚。還有「鞭子底下談戀愛，結婚宴席無酒菜，請客吃飯不用筷，新娘下午娶回來」也在在說明少數民族特殊的婚娶形式，想成為他們的女婿可不簡單哩！

　　維吾爾族語稱小女孩為「古麗」（意思是花），稱呼漂亮的姑娘叫「羊缸子」；至於可愛的維族小男孩則叫「巴郎子」，這些小古麗&小巴郎子模樣都生的十分討喜，惹人憐愛。相信我，你絕對會搶著跟他們拍照，逗他們開心的！

▲我換上維族傳統服飾，她則打扮入時，呈現巧妙的對比！

我在當地就遇見一個非常可愛的巴郎子，當時我們正在午餐，男孩卻在艷陽下獨自等爺爺來接他。但時已過午，我怕他餓著了，因此便分給他一些食物。不過一開始男孩卻不好意思拿，於是我硬塞了兩個饢，放進他的夾克裏，另外又遞了一串葡萄，結果男孩笑得好燦爛。我和他的合照人人都說像極了一對母子哩！我還開玩笑地問：「願意跟我回台灣嗎？當我的乾兒子好不好？」玩了半小時爺爺終於來了，直跟我道謝，坐上腳踏車的男孩，感激似的不時轉頭揮手跟我道別。隨著男孩身影越來越遠，一邊揮手的我，或許是知道再難相見，頓時情緒激動，淚水竟在眼眶裡打轉‧‧‧‧‧‧嗯～我開始認真思考，是該自己生一個孩子當媽的時候了！

⊱❧ 新疆煙斗不拿來抽，而是嬰兒尿管？ ❧⊰

　　在新疆若看到販售一種形狀像極了煙斗的東西，千萬不要直接拿來就往嘴裡塞，因為那真的不是煙斗，是嬰兒的尿管，沒聽過吧？！我就被趙立中陷害，欺騙我那是維族男人愛抽的煙斗，我一開始信以為真，差一點往嘴裡放，後來得知正確用途後，大呼不可思議！隨後笑到眼淚都快噴了出來！

　　我在當地時常看到許多男孩穿開襠褲，露出小雞雞到處跑來跑去，原來新疆的嬰孩，從小就不包尿布，解放習慣了！他們用的尿管維族語稱作「噓麥克」，由白楊木所製成，共有兩種形狀，分別為男用與女用，你一定很好奇為何不包尿布哩？這是因為南疆夏季非常炎熱，中午接近40度C的高溫尿布哪包得住？而且這樣既環保又省錢啊！維族人習慣將小孩放在吊床上，「噓麥克」便裝在重要部位，當嬰孩尿尿時，即順著流往地面，相當方便又衛生，但因為它的外形極似煙斗，常常讓遊客搞不清楚，所以下次到新疆千萬別把尿管含在嘴裡，會被當地人笑掉大牙的喔！

你也可以資助一名維族孩子

我在當地遇到許多可愛的孩子，大概經常見到絡繹不絕的中外遊客早已習慣，雖然他們的母語是維族語，但天真又不怕生的孩子竟會主動以英文向遊客打招呼，不斷高聲喊著：「Hello！Hello！」甚至還會開心對著鏡頭擺POSE！

這些小朋友都很友善，少數會主動伸手要錢，大概是遊客習慣跟他們拍照後給點小費，海茵建議你在與他們合影後，可以送點小糖果、餅乾、或是像我們特地從台灣準備的鉛筆等文具！若是什麼都沒有帶，給點小零錢、銅板也無妨，不然其實單純的小朋友，只要回放剛才拍攝的數位影像，滿足他們的好奇心，就很令他們開心了！畢竟這兒很多孩子的家庭不要說買不起相機，少數可能連三餐溫飽都有困難！

台灣世界展望會的「資助兒童計畫」已經有33個夥伴國家計畫區的成立，中國大陸新疆維吾爾自治區也是受助國之一，截至目前為止已有1300名維吾爾族兒童透過展望會受到幫助。

我的一位好友，前人間衛視經理閔其慰，就是透過世界展望會，認養一名維族男孩，他跟男孩通信幾年了，男孩會報告他唸書的成績如何，也會寫卡片感謝他，讓他備感欣慰，甚至還計畫有空前往新疆親自探視這名男童呢！

期望讀者也可以透過資助這樣的計畫，幫助貧窮兒童，讓他們獲得生存、教育的基本權益。施比受更有福，本書的版稅所得，也將撥出部份，捐款給世界展望會。

台灣世界展望會資助兒童計畫

資助專線：02-2175-1995

線上捐款：www.worldvision.org.tw

郵政劃播帳號：01022760

戶名：台灣世界展望會（註明：資助國外貧童）

後記

感 謝 的 人

　　本書首先要感謝大疆南北旅行社總策劃趙立中先生。
我們認識七年了，他進出新疆幾乎要破百趟，對新疆瞭
若指掌。沒有他這個新疆達人加美食老饕，我們便無法
完成三集新疆美食節目的製作，也無法成為繼日本之後
全世界第二家拍攝「紡織廠牛肉拌麵」的媒體。更重要
的是絕對沒有福氣品嚐新疆道地好料。

　　我也要謝謝新疆在地的好友：有蒙古血統豪邁的晏明大哥、美麗的導遊楊波，與烏魯木齊五星級銀都酒店裡熱情接待我們的一群朋友：潘文財經理、何強、門洪娜、達瓦卓瑪；在喀什經常載我們東奔西跑的帥哥黃亮、酒神李江、青年才俊的顧剛總經理；以及協助我們拍攝一整天的維吾爾族大家庭。

　　我同時也要感謝新聞部總監廖福順、副總監平秀琳、主播組組長黃淑娟、企劃處的同仁，提供絕美照片的謝向堯醫師、以及新光三越「BERNIS貝爾尼斯」的梁怡君店長，讓我此趟新疆之旅穿的美麗又保暖！

　　最後更要感謝辛苦敬業的工作同仁們：才情兼備的導演蔡文欽、貼心又搞笑的企劃陳俊霖、龜毛卻拍得超美的攝影張源庭、《台灣腳逛大陸》製作人黃建雄‧‧‧‧‧要感謝的人實在不勝枚舉。總之，由衷謝謝大家！沒有你們，節目不會創下收視率新高，也不會有這本書的誕生。

新疆旅遊小常識

1、新疆通用北京時間

　　但新疆與內地有2小時以上的時差，在六月期間，早上天亮時間為6：30左右；晚上天黑的時間則是22：30～23點。哪怕到了9月，天黑的時間也在21點左右。我們到新疆須適應時差，或者說要有時差的概念。行程出發的時間、吃飯的時間都會以當地的作息時間為準。新疆通用的上班時間：夏季早09：30分～13：30分下午16：00分～20：00分，冬季早10：00分～14：00分下午15：30分～19：30分。

2、新疆在夏季晝夜及地區溫差很大，氣候乾燥

　　在旅行的途中一定要多喝水、戴太陽帽、女士擦防曬霜；即便是在盛夏的天氣也必須準備長褲、夾克。秋、冬季一定要準備防寒衣物，尤其到喀納斯、那拉提、天鵝湖等地，隨時都可能遇到風雪天氣。如果是攝影愛好者更需提前做好禦寒準備。新疆的山地、沙漠、草原、戈壁等地區，景色獨特、壯美，但天氣變化較大，旅遊上述地區要注意防寒、防暑、防風、防雨。

3、新疆因地域遼闊，坐車時間較長

　　很多情況，須旅遊者下車行走或親自體驗騎馬、騎駱駝的樂趣。所以，一雙合適的鞋顯得尤為重要。

4、旅遊者應準備充足有效的防曬品

　　新疆氣溫雖較內地略低，但因新疆很多地區海拔較高，紫外線照射強烈。所以旅遊者應準備充足有效的防曬品，同時配備清熱、解渴、滋潤的藥物或沖劑，如夏桑菊沖劑、十滴水等，以免一時難以承受過於乾燥和酷熱的氣候。

5、旅遊者應攜帶有關藥物及一些常備治病藥物

在新疆旅遊，因行程較長，氣候差別過大，旅遊者一時難以適應，可能會出現水土不服症狀，旅遊者應攜帶有關藥物及一些常備治病藥物，如正露丸、感冒藥或治療腸胃不適藥物等。

6、千萬不要在吃完水果後再喝熱茶

新疆是水果之鄉，到新疆吃水果是一大樂事，但千萬不要在吃完水果後再喝熱茶，以免造成腹瀉。

7、語言上有障礙，應儘量避免摩擦

在購物時如沒有很想購買，不要去和攤主講價，在別人講價的時候也不要圍觀起哄。畢竟是少數民族地區，語言上有障礙，應盡量避免摩擦。

8、虔誠的宗教信仰

少數民族地區有宗教信仰的不同，伊斯蘭教的教民都很虔誠。在清真寺參觀一定不可抽煙、喧鬧。伊斯蘭教是禁忌豬肉、驢肉的，一般也禁止客人自帶食物進入餐廳。

9、注意民航的有關規定

在旅遊後返程時大家都會購買一些喜歡的民族工藝品、或鮮果品，一定要注意民航的有關規定：每位旅客的行李重量不得超過20公斤，無論是隨身還是托運行李都不可夾帶刀具。建議：攜帶的水果最好手提上飛機，以免回去後變果醬；如果實在想買刀具，購買後在烏魯木齊的大巴紮郵局可以郵寄回去，切記不要登機前再有麻煩。

新疆旅遊官方網站
http://www.xinjiangtour.gov.cn/

賞味新疆

ZF1008

作 者	陳海茵
責任編輯	羅喬偉
責任企劃	王怡玲、羅喬偉
編輯主任	陳美萍
校 對	陳海茵、羅喬偉
美術設計	林奕輝
內頁攝影	陳海茵、謝向堯

董事長/發行人　孫思照
總經理　莫昭平
營運長　黃秀錦
編輯總監　呂宗熹

出版者　時報數位傳播股份有限公司
發行地址　10801台北市大理街132號
聯絡地址　10803台北市和平西路三段240號5樓
總經銷　時報文化出版企業股份有限公司
讀者服務專線　0800-231-705
時報悅讀網　http://www.readingtimes.com.tw
電子郵件信箱　newbiz@readingtimes.com.tw
印刷　詠豐彩色印刷股份有限公司

初版一刷2008年7月
定價　280 元

國家圖書館出版品預行編目資料

賞味新疆　/陳海茵作. - - 初版. - - 臺北市：
時報數位傳播, 2008.04
面：14.8 公分

ISBN 978-986-82910-7-2（平裝）

1.遊記　2.飲食風俗　3.新疆省

676.169　　　　97007184